LA GUERRE DE 1870

PAR

M. G. LACOUR-GAYET
DE L'ACADÉMIE DES SCIENCES MORALES ET POLITIQUES

STATUE DE CHANZY, A NOUART, SA VILLE NATALE

Le socle porte ces mots de Chanzy :
« Que les généraux qui veulent le bâton de maréchal de France aillent le chercher au delà du Rhin. »

ÉDITION DU FOYER
34, RUE VANEAU
PARIS
—
1911

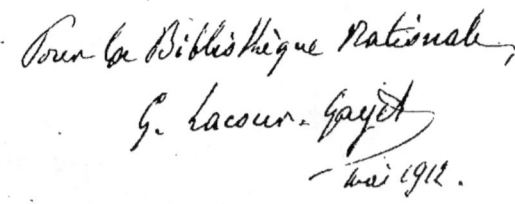

ALLOCUTION

PRONONCÉE PAR

M. HENRI WELSCHINGER
DE L'ACADÉMIE DES SCIENCES MORALES ET POLITIQUES

A L'OCCASION DE LA PREMIÈRE CONFÉRENCE

DE M. G. LACOUR-GAYET

SUR LA GUERRE DE 1870

M. Henri WELSCHINGER. — Mesdames, Messieurs,

J'ai accepté fort volontiers l'honneur que m'a fait le comité du *Foyer* de présider aujourd'hui même l'ouverture des conférences de la Section historique que va inaugurer M. Lacour-Gayet. Je n'ai point ici à faire l'éloge de cet orateur et de cet historien, car vous appréciez, comme tous ses autres auditeurs, les attraits de sa parole et la sûreté de son érudition historique. Qu'il me soit permis de rappeler que, dans l'ancien local du *Foyer*, l'an dernier, Albert Vandal, mon illustre confrère et ami, avait ouvert la série des conférences sur la Révolution, dont la première était faite par M. Lacour-Gayet. Je crois être l'interprète de tous ici en exprimant les plus vifs regrets pour une perte aussi douloureuse et aussi prématurée que celle du loyal et consciencieux historien du *Consulat*, de *Napoléon et d'Alexandre*.

M. Lacour-Gayet a choisi pour sujet de cette année *la Guerre de 1870*, et il a divisé ce sujet en cinq parties principales : *les Préliminaires de la guerre, les Batailles de Wissembourg à Saint-Privat, Sedan et Metz, la Guerre en province* et *le Siège de Paris*.

Sujet dramatique et saisissant, s'il en fut jamais ; sujet trop oublié depuis de longues années, qui revient, je n'ose pas dire à la mode, mais qui revient enfin à la mémoire des Français. Il a fallu que des paroles menaçantes retentissent tout à coup à la frontière pour que le souvenir des cruels événements de 1870 reparût et flamboyât à nos yeux comme à notre esprit. Trop longtemps, — je le répète avec regret, car j'ai dit cela dans une illustre enceinte, — nos jeunes soldats, nos écoliers, nos lycéens, nos jeunes historiens même ont négligé les faits de l'Année terrible. Une école néfaste, hostile aux sujets militaires et à ce qu'elle appelait dédaigneusement « l'histoire-bataille », écartait tout ce qui, dans le passé, pouvait nous parler du drapeau, de ses revers comme de ses triomphes. On effaçait aux regards de la génération nouvelle les scènes tragiques où tant de soldats et tant d'officiers avaient montré leur héroïsme en combattant et en sacrifiant leur vie pour la France. J'ai relevé, avec une stupeur qui a été partagée par mes confrères de l'Académie des Sciences morales, ce fait inouï, indiqué par les examinateurs, ceux même de la Sorbonne, que des licenciés avaient, aux examens de l'Ecole normale, déclaré ne rien connaître de la guerre de 1870, et que parmi nos jeunes recrues une ou deux savaient à peine ce que c'était que le 15 Juillet, le 4 Septembre, Sedan, Wissembourg, Forbach, Borny, Metz et les plus émouvants épisodes de la Défense nationale en province comme à Paris. Nul ne paraissait se douter que du jour où la Prusse fut vaincue en 1806, des patriotes allemands s'étaient donné la mission de relever leur pays, au prix des efforts les plus grands, les plus difficiles et les plus constants. N'est-ce pas Stein qui écrivait deux ans à peine après Iéna : « Il s'agit de détruire chez nous la division des classes, de donner à chacun la faculté de développer librement ses forces selon une direction morale, d'amener chacun à aimer le roi et la patrie jusqu'à leur sacrifier ses biens et son existence. » N'est-ce pas le même et infatigable patriote qui s'écriait encore : « Pour cela il faut raviver l'esprit religieux de la nation. Des instructions et des règlements ne suffiront point à cette tâche. C'est le devoir du gouvernement de le prendre à cœur... C'est de l'instruction et de l'éducation de la jeunesse que l'on doit attendre le plus grand résultat. Si l'on nourrit et stimule les principes qui ennoblissent la vie, si l'on évite les enseignements bornés, si l'on cultive avec soin ces instincts trop négligés et sur lesquels reposent la force et la dignité humaine, l'amour de Dieu, du roi et de la patrie, nous pourrons espérer de voir grandir une génération plus forte au physique et au moral et s'ouvrir devant nous un meilleur avenir. » Soixante-deux ans après, la Prusse — *mit Gott, und Kœnig für Vaterland* — triomphait du formidable ennemi qui, après l'avoir battue en 1806, aurait pu, sans les prières et l'intervention d'Alexandre, l'anéantir. Quarante ans se sont passés depuis la dernière guerre, et pour moi, il me semble que ces quarante ans, c'était il y a quelques jours, c'était hier. Quels profits avons-nous tirés de tant d'effrayantes leçons? Quels progrès avons-nous faits?... Il fut un moment où tout nous rendait l'espoir. Le relèvement inouï de la France après tous ses désastres avait frappé le monde entier. L'Allemagne, non moins étonnée de la résurrection de l'ancienne rivale, qu'elle croyait avoir abattue, s'associait à deux puissants Etats pour pouvoir être, à l'heure de la revanche, trois contre un, tant notre résistance de six longs mois et notre redressement imprévu sur des ruines et des débris informes l'avaient remplie de stupéfaction. « Si nous avions su, disait l'un de nos avides vainqueurs, ce n'est pas cinq milliards, mais dix, mais quinze que nous aurions demandés ! » Et Bismarck, dans un aveu sinistre, déclarait au Reichstag : « La prochaine guerre sera une guerre au couteau. La nation victorieuse saignera l'autre ! » Ces colères nous causaient alors un amer plaisir ; elles nous relevaient, elles nous animaient encore plus et redoublaient nos espérances.

Puis un mauvais vent souffla et l'on entendit des humanitaristes, des intellectuels, des pacifistes à outrance déclamer contre la guerre et prêcher la réconciliation avec notre mortelle ennemie, en nous conseillant d'oublier, de sacrifier tout à fait les deux provinces perdues. Oui, l'on entendit des sophistes exécrables appeler *Idées mortes :* la Foi, le Devoir, l'Honneur. On enseigna cela publiquement. On se plut à répandre les œuvres perfides d'écrivains qui raillaient avec un art merveilleux l'esprit et la discipline militaires. On répéta les chansons idiotes qui qualifiaient de brutes galonnées et de « Ramollots » les officiers dévoués à la plus dure comme à la plus noble de toutes les besognes. On plaisanta, on bafoua tout ce qui était grand et beau ; on insulta la patrie, on la nia même; on nia celle que les Anciens appelaient non seulement la patrie, mais la *matrie*, mêlant ainsi dans son culte celui du père et de la mère (1). Ce fut une heure désolante.

---

(1) Cf. PLATON, *la République*, livre IX, paragraphe 65. « Cette mère et ce père qu'on appelle la patrie. »

Nos ennemis firent imprimer un petit livre, *les Français peints par eux-mêmes*, où l'on nous représentait avec tous les défauts et tous les vices, tous les désordres et toutes les bassesses, toutes les saletés et toutes les vilenies, et cela était extrait — ô honte! — de nos livres, de nos journaux et de nos pièces de théâtre!...

Mais au moment où tout semblait perdu, des souffles vivifiants s'élevèrent et desséchèrent toutes ces mares putrides. « Les crapauds, comme a dit Rostand, crevèrent dans leurs vieilles peaux » et les êtres infâmes qui prêchaient des doctrines dissolvantes et impies s'enfuirent dans leurs antres ténébreux. Le verbe insolent de nos ennemis fit ce prodige et la confiance en nous-mêmes et en un meilleur avenir reparut. Le drapeau, qui passait dans nos rues et sur nos places, fut salué par tous comme l'incarnation de cette patrie qui mêle le bleu et le rouge de son sang au blanc, emblème de l'éclat et de la pureté de son honneur. On regarda par-dessus les Vosges, non avec orgueil et jactance, mais sans crainte et sans timidité. On se dit alors, comme le disait l'Allemand Fichte en 1807 : « Comment écarter de nous le reproche de ne point faire notre devoir? En nous décidant à ne plus vivre pour nous-mêmes ; en ne nous considérant que comme la semence d'où sortiront un jour de plus dignes descendants ; en n'ayant plus d'autre raison de vivre que par ses enfants et en préparant pour eux des jours meilleurs. » Ainsi, voir devant soi, regarder de haut et en haut, se tenir prêt à toutes les tâches généreuses et utiles, être disposé à subir courageusement les périls et les épreuves, tel est le but que nous avons vu et revu, que nous avons accepté.

Il faut donc être viril, il faut donc être fort. Nous n'avons pas besoin pour cela des conseils de l'étranger ; nous n'avons qu'à relire notre histoire. Il faut reconnaître nettement et avant tout qu'en 1870 nous nous sommes trompés et que nous avons été trompés.

On ose pourtant dire encore que nous étions prêts, que nous avions des alliances, que rien ne nous manquait et que si nous avons été vaincus, c'est à la ruse, à la perfidie, à l'habileté seule de nos adversaires qu'il faut s'en prendre. Ceux qui n'ont pas su déjouer les pièges de l'ennemi osent parler maintenant de leurs victoires diplomatiques et s'étonnent qu'on ne leur décerne pas des couronnes et des honneurs civiques ! En attendant, ils se hissent d'eux-mêmes au Capitole et de là ils disent que leur conduite ferme et loyale, toujours adaptée à l'imprévu, n'a été déterminée que par l'intérêt et l'honneur de la patrie !

Et lorsque des documents officiels viennent contrarier ces affirmations inouïes, ils se hâtent de répondre que les vrais historiens doivent écarter ces documents comme n'ayant aucune valeur historique ! Ainsi, ce n'est pas la faute des hommes d'Etat français si, en 1870, la guerre s'est imposée dans des conditions néfastes, c'est la fatalité qui a voulu que notre implacable ennemi fît triompher la ruse sur la bonne foi? Ne voit-on pas que l'excuse qui consiste à prétendre que la politique de Bismarck a été la cause unique et décisive de nos désastres est un aveu déplorable pour ceux qui le font comme pour ceux qui seraient disposés à y croire? Quoi ! vous reconnaissez que les habiletés et les intrigues d'un sauvage de génie vous ont pris au dépourvu ; vous dites que vous êtes tombés dans ses pièges et vous ne craignez pas qu'un tel aveu accentue votre faiblesse et diminue la France?... Malgré cela, les mêmes hommes se vantent de leur génie diplomatique et transforment le fol emportement d'une heure en un geste magnifique et durable. Alors qu'en lisant attentivement les discours et les rapports de Benedetti dont ils se moquent aujourd'hui, en écoutant cet ambassadeur venu le 15 juillet au matin au quai d'Orsay pour leur dire que la dépêche d'Ems était une falsification et qu'il n'y avait eu à Ems « ni insulteur, ni insulté », ils auraient pu dissiper toutes les erreurs et faire retomber sur le chancelier prussien toute la responsabilité de la guerre, ils ont appelé un soufflet ce qui n'était qu'un croc-en-jambe, une manœuvre basse et honteuse pour celui qui avait osé l'exécuter.

Nous avons donc été trompés et nous nous sommes trompés. J'entends dire cependant aujourd'hui et répéter cent fois que le pays voulait la guerre et que l'empereur et son ministère ont été forcés de céder à la pression publique. Quelle est donc la vérité? La voici. Cette opinion a été créée et excitée par la presse ministérielle qui a fait croire à tous que nous étions prêts, archiprêts ; que nous avions des forces au moins égales à celles de la Prusse ; que nous avions des alliances et que la victoire nous était assurée d'avance. Cela, on l'a affirmé non seulement au pays par les journaux, on l'a officiellement affirmé aux Chambres. Et si la France a couru avec enthousiasme à la guerre, c'est qu'elle a eu confiance dans les assurances données si hautement, dans les promesses faites, dans les déclarations du ministère. Qu'on ne vienne donc pas soutenir aujourd'hui que c'est la France qui a décidé le gouvernement à une guerre néfaste, alors que c'est elle qui a été la victime des faussetés, des erreurs, des faiblesses, des imprévoyances, des imprudences et des égarements qui ont eu de si terribles conséquences ! Oui, on ne saurait assez le répéter, la France a été victime et non complice, voilà l'exacte vérité.

Il faut à présent regarder en face les réalités et en comprendre la portée tout entière. « L'expérience, a dit mon ami si regretté, Albert Sorel, serait un mot vide de sens, et l'Histoire ne mériterait pas de figurer parmi les sciences si les peuples, se réduisant à un rôle purement passif, n'expliquaient leurs revers que par l'influence de causes étrangères et s'obstinaient à chercher les raisons pour lesquelles ces causes étrangères ont agi sur eux. Qu'on y prenne garde ! Le système qui consisterait à rejeter sur la politique prussienne toute la responsabilité des malheurs où la politique du second Empire nous a entraînés est, sous une fausse couleur de patriotisme, le plus désolant aveu de l'abaissement que puisse faire une nation. S'il nous était démontré que de 1863 à 1870 M. de Bismarck a pu disposer de notre pays au gré de ses désirs, sans qu'il ait été possible de prévoir ses desseins, de les déjouer ou d'en tirer profit, que resterait-il du génie de la France ? Et si nous persistions à croire que nos hommes d'Etat ont été en 1870 et 1871 à la hauteur de leur tâche, nous n'aurions nullement à nous préoccuper de l'avenir. »

Or, c'est à cet avenir qu'il faut penser et penser toujours... Aussi suis-je heureux de voir confié à un historien aussi loyal et aussi instruit que M. Lacour-Gayet, le récit de cette guerre inoubliable, parce qu'avec lui vous connaîtrez la vérité exacte sur nos revers. Il vous dira, j'en suis certain, tout ce qu'un Français peut dire et tout ce qu'un Français doit entendre. Il ne vous cachera pas que nos ennemis sont toujours prêts à profiter de la moindre de nos fautes pour se ruer sur nous et pour achever ce qu'ils appellent notre ruine. Ils le crient tous les jours à nos portes : à Metz, à Colmar, à Mulhouse, à Strasbourg... Oui, on vous dira tout cela non pas pour vous effrayer ou vous attrister, mais pour vous réconforter, car, suivant le vieux proverbe : « Un homme averti en vaut deux. »

Et moi j'ajouterai — c'est mon dernier mot — : « Soyons fermes, soyons patients ! N'ayons aucune jactance, aucune forfanterie ;

mais préparons-nous à fond et regardons les difficultés et les périls en face, ainsi qu'il convient à des Français. »

Comme le disait le grand Corneille, dont la gloire, comme celle de Racine, sera au-dessus des critiques des petits détracteurs d'un jour :

    Il ne faut craindre rien quand on a tout à craindre !

Je ne veux pas vous laisser sous une impression de tristesse, mais de réconfort, car malgré le rappel de toutes nos douleurs et de tous nos revers, j'ai confiance en l'avenir. J'en trouve l'expression dans une ballade qu'un des miens a découverte aujourd'hui dans les manuscrits de François Coppée, et qui rendra mieux qu'un flot de paroles tous mes sentiments. Cette ballade est adressée à Vigeant, le maître du brave Kirchoffer, mon vaillant compatriote, et finit par cet envoi :

L'homme timide s'écrie :

    Maître, il reviendra, l'Allemand !

Et le brave qui, comme moi, a confiance dans nos jeunes officiers et nos jeunes diplomates, dans leur science de l'escrime militaire comme dans la science de l'escrime politique, répond :

    O Victoire, chère espérance !
    Enseigne-nous ton art charmant...
    Il n'est de fin fleuret qu'en France !

I

LES PRÉLIMINAIRES

La bataille de Sadowa avait causé dans toute l'Europe une impression immense. A peu près partout on avait escompté la victoire de l'Autriche, ou, à défaut d'une victoire complète, un demi-succès, qui permettrait à l'Autriche de tenir tête à l'agression de la Prusse, ou qui permettrait à la France d'intervenir entre les belligérants. Aussi la nouvelle du triomphe foudroyant des armées prussiennes fut-elle accueillie avec une sorte de stupeur. Nulle part, cette stupeur douloureuse ne fut plus profondément ressentie qu'à la cour de Napoléon III : car nulle part, l'illusion, fille de l'ignorance, n'était plus puissante. Le gouvernement français, dont les yeux avaient été brusquement ouverts, connut alors ce que l'on appela « les angoisses patriotiques de Sadowa ».

Paralysé par l'impuissance militaire de la France, paralysé surtout par son parti pris de ne rien faire, — *Inertia, Sapientia*, disait Napoléon III, — le gouvernement impérial avait laissé passer le moment d'agir. La France avait joué le plus sot des rôles, celui de dupe. L'Autriche était vaincue dans son armée ; mais la France était vaincue dans son prestige.

La reine des Pays-Bas, Sophie de Wurtemberg, femme de Guillaume III de Nassau, qui aimait la France, qui fréquentait la cour des Tuileries, écrivait, le 18 juillet 1866, quinze jours à peine après Sadowa, à notre ministre à la Haye, le baron d'André, la lettre qui suit ; elle est d'une étonnante perspicacité :

« Vous vous faites d'étranges illusions. Votre prestige a plus diminué dans cette dernière quinzaine qu'il n'a diminué pendant toute la durée du règne. Vous permettez de détruire les faibles ;

vous laissez grandir outre mesure l'insolence et la brutalité de votre plus proche voisin... Je regrette... que vous ne voyiez pas le danger d'une puissante Allemagne et d'une puissante Italie. C'est la dynastie qui est menacée, et c'est elle qui en subira les suites. Je le dis, parce que telle est la vérité que vous reconnaîtrez trop tard... La Vénétie cédée, il fallait secourir l'Autriche, marcher sur le Rhin, imposer vos conditions. Laisser égorger l'Autriche, c'est plus qu'un crime, c'est une faute... »

Aux Tuileries, où on avait enfin le sentiment de cette faute et de l'humiliation qui en était résultée, on parla de compensations territoriales. Bismarck appelait cela d'un mot méprisant qu'il empruntait à Frédéric II : c'était la politique des pourboires.

Après Sadowa, notre ambassadeur à Berlin, Benedetti — il dirigea l'ambassade de Berlin avec beaucoup de clairvoyance dans ces années critiques, de 1864 à 1870 — avait été chargé d'ouvrir immédiatement des pourparlers ; il s'agissait de la cession à la France des territoires allemands de la rive gauche du Rhin au nord de l'Alsace, c'est-à-dire le Palatinat bavarois, y compris Mayence. Suivant ses instructions, il avait posé l'ultimatum : « Mayence ou la guerre! — Soit, avait répondu Bismarck. Nous choisissons la guerre. »

Napoléon III avait fait semblant de ne pas entendre ce défi qu'il avait provoqué : il n'avait pas sous la main les forces nécessaires. Le 14 août (1866), en présence de la menace très nette de la Prusse, il renonça à toute revendication du Palatinat et de Mayence.

On imagina alors de reprendre sur un autre terrain la question des compensations. A défaut de la rive gauche du Rhin, le gouvernement français jeta son dévolu sur un territoire que la France avait déjà maintes fois convoité, le grand-duché de Luxembourg.

La situation du grand-duché, au point de vue politique, était toute spéciale. Il faisait partie de la Confédération germanique et il avait une garnison prussienne ; c'était, d'autre part, la propriété personnelle et héréditaire du roi des Pays-Bas, Guillaume III. Ainsi, que le gouvernement français obtînt l'agrément du principal intéressé, le grand-duc, dont on savait que les sympathies pour la Prusse étaient médiocres, cette adhésion semblait la meilleure garantie du succès final.

Quant à la valeur militaire pour la France de cette acquisition, elle saute aux yeux. Placé entre la Meuse et la Moselle, le Luxembourg couvre à la fois Mézières, Sedan, Metz ; il faisait partie de ce « pré carré » que le patriotisme de Vauban avait rêvé pour son pays.

A la fin de l'année 1866, on commença à parler à la cour des Tuileries de la question du Luxembourg. C'était alors sous les auspices les plus favorables. On ne savait pas qui était le plus pressé, le gouvernement français d'annexer le Luxembourg, ou le gouvernement prussien de le laisser annexer.

L'ambassadeur prussien à Paris, M. de Goltz, donnait à entendre que l'annexion du Luxembourg, loin de se heurter à Berlin à aucune objection, y serait même vue avec faveur, car elle consoliderait les résultats de 1866, en réconciliant Napoléon III avec les faits accomplis. « Mon gouvernement, disait-il, serait trop heureux de conjurer à ce prix ses difficultés extérieures et de désarmer en Allemagne les résistances autonomes qui cherchent leur point d'appui en France. »

De son côté, Bismarck, dans ses conversations avec Benedetti, paraissait tout disposé à nous laisser carte blanche. Il disait à celui-ci : « Le roi de Hollande peut disposer du Luxembourg comme il l'entend, il en est le souverain. » Il ajoutait que le roi de Prusse n'attendait que la première manifestation des habitants pour retirer sur l'heure les troupes qu'il entretenait à Luxembourg. Il ne nous demandait qu'une chose, faire vite. « Faites en sorte que la cession du Luxembourg soit un fait accompli avant la réunion du Reichstag, et je me chargerai de faire avaler la pilule à l'Allemagne. »

Cependant si la question était posée, elle n'avançait pas. Bismarck se dérobait peu à peu aux entretiens avec Benedetti sur cette question. Alors le gouvernement de Napoléon III chargea notre ministre à la Haye, M. Baudin, de s'adresser directement à Guillaume III pour fixer la question de l'indemnité pécuniaire ; le gouvernement français s'engageait d'ailleurs à ne procéder à l'annexion qu'à la suite d'un plébiscite.

Guillaume III accepta la chose en principe ; on discuta sur la somme, quatre à cinq millions. Il avait fini par prendre son parti, en envoyant à Napoléon III son consentement par écrit. La cession du Luxembourg était moralement consommée. Il n'y avait plus qu'à la régler par la voie diplomatique.

Alors, brusquement, le 31 mars, M. de Goltz vint dire à notre ministre des affaires étrangères, M. de Moustier, que l'affaire du Luxembourg prenait la plus mauvaise tournure ; elle se heurtait à l'opposition du parti militaire en Prusse ; aussi priait-il le gouvernement de ne pas passer outre.

La surprise de M. de Moustier fut aussi grande que légitime. Il lui fut facile de répondre que nous avions à ce moment même résolu l'affaire, que nous avions marché d'accord avec M. de Bismarck, qu'on ne pouvait pas nous avoir attirés dans un piège ; la crainte de la guerre ne nous ferait pas reculer d'une semelle. « Il est de fait, répliqua M. de Goltz, que ce serait bien absurde de se battre pour si peu de chose que le Luxembourg. »

Le même jour, 31 mars, Bismarck à Berlin faisait à Benedetti des déclarations analogues : il sentait les plus vives résistances dans le cabinet militaire, dans l'opinion publique, dans le parlement ; nous avions été trop vite ; on avait donné à cette affaire une publicité inopportune.

Le lendemain, 1er avril, une fête solennelle se célébrait à Paris pour l'ouverture de l'Exposition universelle. L'empereur prononçait un discours pour célébrer l'union des peuples et les arts de la paix : thème classique des discours d'exposition. Le matin même, il avait reçu du Mexique des dépêches qui ne laissaient plus de doute sur la fin tragique qui attendait l'empereur Maximilien ; le soir, il recevait la nouvelle de l'interpellation au Reichstag de M. de Bennigsen.

En quelques mots très violents, ce député allemand avait déclaré que si les bruits sur la cession du Luxembourg étaient fondés, le patriotisme germanique ne permettrait pas qu'on arrachât à l'Allemagne une province-frontière pour la livrer aux convoitises de la France. Bismarck, à cette interpellation qui comblait ses vœux, fit une réponse modérée et évasive. Il sentait bien qu'il avait partie gagnée. Si Napoléon relevait le gant, la France, qui n'était pas prête, était perdue ; s'il ne le relevait pas, elle était disqualifiée.

Cependant Napoléon III, indigné de tant de duplicité, songeait à la guerre immédiate. Il conférait avec le général Trochu, avec le général Lebœuf, qui restait en permanence aux Tuileries. Le nouveau ministre de la guerre, le maréchal Niel, montrait la plus intelligente activité ; mais que de réformes encore à accomplir avant d'envisager la possibilité d'un conflit armé !

A Berlin, le parti de la guerre voulait une action immédiate ; il affirmait qu'en une campagne on conquerrait l'Alsace et les lignes de la Meuse. « Nous sommes prêts, disait Moltke, et la France ne l'est pas. » Ou encore : « Aujourd'hui, nous avons pour nous cinquante chances ; dans un an, nous n'en aurons plus que vingt-cinq. »

Le gouvernement français comprit qu'il ne pouvait se battre tout de suite. Alors il changea d'attitude. Laissant en suspens la question de la cession du Luxembourg, il se borna à réclamer l'évacuation du grand-duché par les troupes prussiennes. Il sollicita à cet effet les bons offices de l'Angleterre. Bismarck déclara, de son côté, que la Prusse était décidée à s'associer à des négociations collectives en vue de la neutralité du Luxembourg.

Une conférence des grandes puissances s'ouvrit à Londres le 7 mai 1867. Dès le 11 mai, le traité de neutralisation était signé. La Prusse évacua, en effet, la forteresse.

En France, on affecta une grande satisfaction pour ce succès, qui était, en réalité, un succès à la Pyrrhus, un succès sans lendemain. Aux menaces succédèrent tout à coup les procédés courtois. Le roi de Prusse qui avait été invité auparavant à venir aux Tuileries pour visiter l'Exposition, partit le 4 juin ; le prince royal l'avait précédé pour inaugurer au Champ de Mars l'exposition des canons Krupp, qui amusaient beaucoup la badauderie des visiteurs. Bismarck était parti avec le roi.

A Paris, Guillaume Ier fut accablé de prévenances ; il s'y rencontra avec le tsar de Russie, Alexandre II ; mais c'est lui qui fut l'hôte préféré des Tuileries. Cependant Moltke et ses officiers faisaient autour de Paris des promenades qui étaient en réalité des reconnaissances d'état-major.

En quittant la France, le roi de Prusse écrivit à Napoléon :

« Au moment de rentrer dans mes foyers, je m'empresse de remercier de tout mon cœur Votre Majesté ainsi que l'impératrice, pour l'accueil plus qu'aimable que j'ai rencontré de la part de Vos Majestés, pendant mon séjour à Paris, à jamais mémorable sous tant de rapports.

« C'est en formant les vœux les plus sincères pour le bonheur de Vos Majestés et pour la France que je suis de Votre Majesté le bon frère et ami. — GUILLAUME. »

En se séparant, les deux souverains avaient échangé les plus chaleureuses protestations. Ils s'étaient promis de se revoir. Ils devaient se revoir, en effet, trois ans plus tard, — sur le champ de bataille de Sedan.

*_

Après Sadowa, la guerre était probable entre la France et la Prusse. Après l'affaire du Luxembourg, elle était devenue inévitable. Si la France avait fait sortir la Prusse de sa forteresse, la Prusse avait empêché la France d'y entrer. La question de rivalité et de suprématie était posée désormais entre les deux États.

Un livre parut alors, en 1868, qui eut un retentissement considérable, la *France nouvelle*, de Prévost-Paradol. Le brillant écrivain y exposait son programme politique ; il faisait toucher du doigt les douloureuses conséquences de ce qu'il appelait le « despotisme démocratique ». Mais la partie de son livre qui fit l'impression la plus profonde était la dernière : « De l'avenir » ; il y examinait la question d'une guerre entre la France et la Prusse comme une certitude imminente.

On se prépara donc à la guerre des deux côtés, mais dans un esprit tout différent.

A Berlin, la politique et la guerre dépendaient du triumvirat Bismarck, Moltke, Roon, les trois hommes qui, suivant le mot de Guillaume Ier, aiguisaient et dirigeaient l'épée. Au-dessus du triumvirat, il y avait le roi Guillaume, très disposé à se considérer, de bonne foi, comme le souverain choisi par la Providence pour reconstituer, au profit des Hohenzollern, l'unité de l'empire d'Allemagne.

En France, Napoléon et le gouvernement songeaient à la guerre et en parlaient. Il n'y avait qu'un homme qui s'y préparait, le maréchal Niel, devenu ministre de la guerre, le 20 janvier 1867. Dans son court ministère de deux ans et demi, il montra le zèle le plus prévoyant. Pour lui, entre la France et la Prusse, il n'existait plus qu'une espèce d'armistice. « Graissez vos bottes, messieurs, disait-il aux généraux ; nous allons entrer en campagne. »

Niel dota l'infanterie du chassepot, ce fusil à aiguille français qui « fit merveille » à Mentana. Il dota de canons rayés les places de l'Est. Un triste détail à ce sujet. La désorganisation de nos grandes places de l'Est était telle que Ducrot, qui commandait à Strasbourg, en était réduit à faire fermer les portes de la citadelle, sous prétexte de réparer les ponts-levis, en réalité pour se mettre à l'abri d'une surprise. Au mois de novembre 1868, il écrivait au général Frossard : « Vous me trouverez bien importun, bien osé ; mais, voyez-vous, mon cher général, je suis exaspéré. J'éprouve la rage d'un homme qui, voulant sauver un noyé, sent que celui-ci refuse son concours et l'entraîne au fond de l'eau... Si vous vous impatientez trop en me lisant, je vous dirai volontiers, comme Thémistocle : « Frappe, mais écoute. »

Niel avait préparé un plan de mobilisation pour trois grandes armées, armée d'Alsace, de Lorraine, de réserve, qu'il destinait à Mac-Mahon, Bazaine, Canrobert.

Au Corps législatif, il se heurtait à la plus imprévoyante des oppositions. A ces députés qui lésinaient sur les budgets de la guerre, il disait « : Vous me rendez la tâche impossible ! » Et un jour, s'adressant à Jules Favre : « Vous me reprochez de vouloir transformer la France en une vaste caserne ; prenez garde qu'elle ne devienne un vaste cimetière ! »

Cependant il avait pu faire voter la loi militaire du 1er février 1868, qui a gardé son nom. La loi Niel établissait une armée active de 400 000 hommes faisant cinq ans de service ; une armée de réserve de 400 000 hommes faisant quatre ans de service ; une garde nationale mobile, composée de tous les hommes remplacés et exemptés, 400 000 : soit un total de 1 200 000 hommes. Mais cette loi n'exista guère que sur le papier. Niel commençait à peine à l'appliquer quand il mourut, le 13 août 1869. Sa mort causa en Allemagne un véritable soulagement. On sentait bien que la France venait de perdre le seul homme capable d'organiser une armée et de préparer la guerre.

Son successeur fut le maréchal Lebœuf. Vaillant soldat, il avait pris une part très remarquée à la bataille de Solférino, où il commandait l'artillerie ; mais c'était un administrateur sans capacité, dont tout le système consistait à affecter une belle assurance et à ne pas avoir d'affaires. Pour vivre en paix avec le Corps législatif, il consentit à diminuer les crédits. Niel avait demandé cinq millions et demi pour organiser la garde mobile ; Lebœuf déclara que deux millions suffiraient, et le reste à l'avenant.

Dans ces circonstances se produisit l'incident Hohenzollern : ce fut l'étincelle qui mit le feu aux poudres.

*
* *

La reine d'Espagne, Isabelle II, avait été renversée du trône en 1868 par une révolution militaire, dont l'un des auteurs était le général Prim. Celui-ci, qui cherchait un roi, s'entendit avec un agent secret de Bismarck sur la candidature du prince Léopold de Hohenzollern, cousin de Guillaume Ier. Le 3 juillet 1870, la nouvelle fut répandue par les journaux : Léopold de Hohenzollern acceptait d'être roi d'Espagne. Aussitôt les imaginations se montent : c'est un nouveau défi jeté à la France.

Sur-le-champ, le duc de Gramont, ministre des affaires étrangères dans le ministère Émile Ollivier, fait demander des explications à Bismarck par notre ambassadeur. Bismarck feint l'ignorance ; il ne connaît pas cette affaire au fond (c'est lui qui avait tout préparé dans l'ombre) ; l'affaire était, ajoutait-il, avant tout espagnole ; il fallait s'adresser au maréchal Prim.

Benedetti reçut l'ordre d'avoir une entrevue directe avec le roi de Prusse, comme chef de la maison de Hohenzollern. Car, de son côté, le gouvernement français ne pouvait plus reculer. Dès le 6 juillet, le duc de Gramont avait fait, au sujet de cette candidature, une très grave déclaration à la tribune du Corps législatif. C'était sa réponse à une interpellation déposée la veille par le député Cochery « sur la candidature éventuelle d'un prince de la famille royale de Prusse au trône d'Espagne ».

« Nous ne croyons pas, avait dit le duc de Gramont, aux applaudissements du Corps législatif, que le respect des droits d'un peuple voisin nous oblige à souffrir qu'une puissance étrangère, en plaçant un de ses princes sur le trône de Charles-Quint, puisse déranger à notre détriment l'équilibre actuel des forces de l'Europe et mettre en péril les intérêts et l'honneur de la France. Cette éventualité, nous en avons le ferme espoir, ne se réalisera pas. Pour l'empêcher, nous comptons à la fois sur la sagesse du peuple allemand et sur l'amitié du peuple espagnol. S'il en était autrement, forts de notre appui et de celui de la nation, nous saurions remplir notre devoir sans hésitation et sans faiblesse. »

Sur l'ordre qui lui fut envoyé de Paris par son ministre, Benedetti se rendit à Ems, où Guillaume Ier faisait une saison d'eaux. Le 8 juillet, il eut une entrevue avec lui. Le roi lui déclara, ce qui n'était pas entièrement vrai, qu'il était étranger à l'affaire. Cependant il invitait en secret son cousin à renoncer à son projet. Guillaume Ier avait soixante-treize ans ; il ne voyait pas sans inquiétude une guerre avec la France, il craignait de perdre les lauriers de 1866. Aussi fut-il vraiment heureux quand il apprit, le 12, que son cousin, se conformant à son désir, s'était désisté. Il écrivit à la reine Augusta : « C'est une pierre qui m'est enlevée de la poitrine. » Il communiqua lui-même la dépêche à notre ambassadeur.

A cette nouvelle, Napoléon III ne cacha pas non plus sa satisfaction. Il disait : « L'île qui a subitement apparu dans la mer est de nouveau recouverte par les eaux ; il n'y a plus de motif pour faire la guerre. »

Fier de ce premier succès, le gouvernement français voulut pousser ses avantages. Le 12 juillet, vers trois heures, le duc de Gramont recevait la visite de l'ambassadeur de Prusse, baron de Werther. Il lui proposa de faire écrire par son souverain une lettre dans laquelle celui-ci dirait que son intention n'avait jamais été de « porter atteinte aux intérêts ni à la dignité de la nation française ». Survient M. Émile Ollivier. Mis au courant de la question, il approuve l'expédient suggéré par Gramont ; pour appeler les choses par leur vrai nom, c'était une lettre d'excuses que Gramont et Émile Ollivier demandaient au roi de Prusse. Werther accepta de transmettre la demande, tout en déclarant qu'il y avait peu de chance que son souverain y fît la réponse désirée.

Gramont se rendit alors à Saint-Cloud ; seul membre du cabinet, il assista à un conseil privé, véritable conciliabule où l'orage allait achever d'éclater. L'empereur, malade, au courant de la situation de l'armée prussienne, parla de son désir sincère de la paix ; mais l'impératrice, convaincue qu'une guerre était nécessaire pour consolider la dynastie, déclara que la France avait droit d'exiger de la Prusse des garanties. De lui-même, sans consulter ses collègues, Gramont envoyait à Benedetti le soir même, ce télégramme : « Pour que la renonciation du prince de Hohenzollern produise tout son effet, il paraît nécessaire que le roi s'y associe et donne l'assurance qu'il n'autorisera pas de nouveau cette candidature. » Ayant eu connaissance de cet acte si grave dans la nuit qui suivit, Émile Ollivier eut à un moment l'idée de démissionner ; il ne le fit pas, peut-être dans la pensée de remédier aux dangers d'une rupture immédiate. L'aurait-il voulu de toute son énergie : il était trop tard à présent pour se mettre en travers de la poussée belliqueuse.

Le lendemain matin 13 juillet, Benedetti, qui venait de recevoir des instructions formelles, rencontrait Guillaume Ier à Ems, à la promenade. « Je vous assure que je n'ai aucun dessein caché, lui dit le roi. Cette affaire m'a causé de trop grands ennuis pour que je sois tenté de la laisser renaître. Mais, vraiment, il m'est impossible d'aller aussi loin que vous le souhaitez. » Dans l'après-midi, Benedetti fut informé que le roi donnait son adhésion entière et sans réserves au désistement du prince de Hohenzollern et qu'il regardait l'incident comme terminé.

Benedetti insiste et fait demander une nouvelle audience, dans l'espoir d'obtenir ces garanties pour l'avenir dont le ministère français faisait une condition indispensable de la paix. Trois fois l'aide de camp de service, le colonel Radziwill, vint dire à Benedetti que le roi n'avait rien à ajouter à ce qu'il lui avait dit dans la matinée, que par conséquent une audience sur le même sujet était inutile ; il le prévenait que son maître, qui partait le lendemain, l'autorisait à venir le saluer à la gare d'Ems.

Voilà tout ce qui s'est passé à Ems, le 13 juillet 1870 ; dans cette journée historique, il n'y eut donc ni insulteur ni insulté.

Le même jour, à Berlin, Bismarck avait à dîner ses amis Roon et Moltke. Il reçoit une dépêche, partie d'Ems, qui relatait ces événements, tels qu'ils s'étaient passés. Les hôtes de Bismarck furent atterrés ; la guerre, leur espérance, s'évanouissait une fois encore. Les *Souvenirs* du chancelier rapportent ce détail, qui dit tout : ils furent abattus tous les trois, « au point d'oublier de boire et de manger ». Mais Bismarck interpelle Moltke : « Sommes-nous prêts ? — Oui. » Il va s'asseoir à une petite table, rédige une nouvelle dépêche et en communique le texte à ses convives. « Magnifique ! disent ceux-ci. Cela va produire son effet. » « Auparavant, écrira plus tard Moltke, c'était une chamade ; maintenant, c'est une fanfare. » De ses doigts, il battait la charge sur la table. Et les trois amis, joyeusement, se remirent à boire et à manger.

Communiquée sur-le-champ aux journaux et aux agences, la fameuse dépêche d'Ems, qui fut en réalité la dépêche refaite ou falsifiée par Bismarck à Berlin le 13 juillet, se résumait en cette nouvelle, donnée sans aucune explication : le roi de Prusse avait « refusé » de recevoir l'ambassadeur français.

La dépêche arriva à Paris le soir même ; elle y éclata comme une bombe. Le roi avait refusé de recevoir l'ambassadeur français. Donc le roi avait insulté la France. « A Berlin ! A Berlin ! » crie la foule qui remplit les boulevards dans la soirée.

A Berlin, la dépêche produisit la même exaltation, dans le sens contraire. La foule s'amassait dans les rues, en chantant la *Wacht am Rhein*. Le lendemain, 14 juillet, à sa descente du train d'Ems, le vieux roi Guillaume fut accueilli par des acclamations enthousiastes : « Vive le roi ! A bas la France ! » Il aurait voulu à ce moment parler de paix qu'il eût été broyé par les colères populaires. C'était la guerre ; la nation voulait la guerre : il accepta la guerre.

Alors les faits se précipitent. Le 15 juillet, M. Émile Ollivier dépose, au nom du gouvernement, la demande au Corps législatif d'un crédit de cinquante millions pour la mobilisation de l'armée. Thiers essaya vainement de s'opposer au vote : nous avions obtenu satisfaction sur le fond ; allions-nous faire la guerre pour une question de forme? « Tant que je vivrai (1) », a-t-il écrit, « je me rappellerai cette terrible journée. Le Corps législatif était réuni dès le matin, et on vint nous lire la déclaration de guerre fondée sur les motifs que je viens d'exposer. Je fus saisi ; la Chambre le fut comme moi. On se regardait les uns les autres avec une sorte de stupeur. Les principaux membres de la gauche, se groupant autour de moi, me demandèrent ce qu'il fallait faire. Craignant les mauvaises dispositions de la majorité à l'égard de la gauche, je dis à mes collègues : « Ne vous en mêlez pas, et laissez-moi faire. »

« Je voyais un orage prêt à fondre sur nos têtes. Mais j'aurais bravé la foudre, avec certitude d'être écrasé, plutôt que d'assister impassible à la faute qui allait se commettre. Je me levai brusquement, je jaillis, si je puis dire, et, de ma place, je pris la parole. Des cris furieux retentirent aussitôt. Cinquante énergumènes me montraient le poing, m'injuriaient, disaient que je déshonorais, que je souillais mes cheveux blancs. Je ne cédai pas. De ma place, je courus à la tribune, où je ne pus faire entendre que quelques paroles entrecoupées. Convaincu qu'on nous trompait, qu'il n'était pas possible que le roi de Prusse, sentant la gravité de la position, puisqu'il avait cédé sur le fond, eût voulu nous faire un outrage, je demandai la production des pièces sur lesquelles on se fondait pour se dire outragé.

« J'étais sûr que si nous gagnions vingt-quatre heures, tout serait expliqué, et la paix sauvée. On ne voulut rien entendre, rien accorder, sauf toutefois la réunion d'une commission, réunion de quelques instants, où rien ne fut éclairci. La séance commença ; avec la séance le tumulte. Je fus insulté de toutes parts, et les députés des centres, si pacifiques les jours précédents, intimidés,

---

(1) Cité d'après les *Tableaux de l'année tragique*.

entraînés dans le moment, s'excusant de leur faiblesse de la veille par leur violence d'aujourd'hui, votèrent cette guerre... »

L'injure était manifeste, répondait Émile Ollivier à la demande de communication de toutes les dépêches ; pour lui il acceptait sans remords, « d'un cœur léger », la responsabilité qu'il pouvait encourir.

« D'un cœur léger » : loin de songer à se taire ou à se disculper, le ministre qui prononça ces mots a essayé plus tard de les justifier. Ici, on raconte, on ne fait ni polémique, ni politique. Cependant une réflexion est permise. « Si ceux, a-t-on dit (1), qui dirigeaient alors les destinées de la France eussent prévu que les conséquences de la guerre seraient pour nous la perte de deux provinces, cinq milliards d'indemnité, neuf milliards de dépenses militaires, cent trente mille morts, cent quarante mille blessés, eussent-ils accepté aussi légèrement un pareil enjeu ? »

Citons encore ce jugement de notre grand historien, Albert Sorel (2) :

« Le pouvoir était aux mains d'esprits incertains et de politiques médiocres, infatués de leur génie ; le jugement de ces hommes était faussé ; l'éducation critique, l'habitude de comparer les faits manquaient à tout le monde ; le souci de sa gloire propre se colorait pour chacun des apparences du devoir ; sous l'action d'un enthousiasme romanesque, la témérité passait pour courage et l'emportement pour patriotisme. Les ministres dirigeants croyaient à leurs collègues comme ils croyaient à eux-mêmes ; le duc de Gramont tenait le maréchal Lebœuf pour un grand homme de guerre ; le maréchal Lebœuf tenait le duc de Gramont pour un grand diplomate ; l'empereur rêvait, et le Conseil, respectueux du secret diplomatique et des mystères de la stratégie, aurait cru faire une injure à ces grands hommes d'État en demandant à l'un de visiter ses arsenaux, à l'autre ses traités. C'est ainsi que l'un entraînant l'autre et se croyant entraînés, ces malheureux fuyaient, « le cœur léger », devant la tempête qui poussait la France aux abîmes. »

Mais pourquoi hésiter devant des affirmations catégoriques ? « Nous sommes prêts, disait Lebœuf à cette même séance ; nous sommes prêts, archiprêts ; si la guerre durait un an, nous n'aurions pas un bouton de guêtre à acheter. »

(1) WELSCHINGER, *la Guerre de 1870.*
(2) *Histoire diplomatique de la guerre franco-allemande.*

Bref, séance tenante, le 15 juillet, le crédit de cinquante millions fut voté. L'irréparable était accompli.

Le 19 juillet, la déclaration était notifiée par la France à la Prusse.

Le lendemain, il y avait à l'Opéra représentation de gala. « Tout ce que Paris comptait alors d'élégant et de plus haut placé s'y était donné rendez-vous (1). Lorsque Mme Marie Sass parut, avec sa grande allure dramatique, vêtue d'une tunique blanche, le long manteau semé d'abeilles, tenant en main le drapeau tricolore, une immense acclamation s'éleva de toutes les parties de la salle, et c'est au milieu d'une émotion indescriptible qu'elle attaqua les premières notes. « Tout le monde debout ! » s'écrie une voix. C'était celle de M. Émile de Girardin. En un instant, la salle entière s'est dressée, la voix des spectateurs se mêle aux chœurs, et le chant s'achève aux cris mille fois répétés de : « Vive la France ! A Berlin ! Vive l'empereur ! »

**

Bismarck était arrivé à ses fins : il avait la guerre qui lui était nécessaire pour grouper autour de lui toutes les forces allemandes contre l'ennemi héréditaire ; il l'avait dans les circonstances où il la voulait, car la guerre étant déclarée par la France, il invoquait aux yeux de l'Allemagne le droit de défense. Pour la France, il savait mieux que personne à quel point elle était isolée en Europe.

En Angleterre, notamment auprès de Victoria, Napoléon III avait personnellement des sympathies. Mais l'opinion et le ministère ne pouvaient s'intéresser au succès de la France. Très opportunément, en effet, le *Times* venait de publier, le 25 juillet, le texte d'un projet de traité secret, passé entre Bismarck et Benedetti lors des pourparlers qui avaient suivi Sadowa : d'après ce document, écrit au mois d'août 1866 par Benedetti sous la dictée de Bismarck et laissé bien imprudemment par celui-là entre les mains du chancelier, Napoléon III reconnaissait l'annexion à la Confédération du Nord des États du Sud en échange de l'annexion à la France de la Belgique. La France à Bruxelles, à Anvers : quelle terreur pour l'Angleterre !

(1) Mme CARETTE, *Souvenirs intimes de la cour des Tuileries*.

La Russie se souvenait de Sébastopol et du traité de Paris : elle n'avait aucune raison de nous vouloir du bien. Alexandre II promit à son oncle Guillaume Ier de rester neutre.

L'Autriche avait préparé un plan de campagne pour combiner son action militaire avec celle de la France ; il avait été étudié par l'archiduc Albert, le vainqueur de Custozza. Mais l'Autriche se savait épiée par la Russie ; puis, la rapidité foudroyante de nos défaites s'opposa dès la première heure à toute intervention de sa part.

Pour l'Italie, elle ne songeait qu'à une chose, la question romaine. La guerre allait peut-être lui permettre de la résoudre. Elle assista, muette, à la chute de la France, de la France qui lui avait permis à elle-même de naître. Moins de trois semaines après le désastre de Sedan, le 20 septembre 1870, les troupes italiennes entraient à Rome, par la brèche ensanglantée de la Porta Pia.

Donc c'était un duel entre la France et l'Allemagne, seules, face à face. Dans quel état étaient les deux champions?

En France, on bouleversa en quelques heures le plan de mobilisation préparé par le maréchal Niel. Les trois armées furent remplacées par une armée unique : Napoléon devait en être le généralissime, et Lebœuf le major général. Mais Napoléon III n'avait plus ni décision, ni ascendant ; très gravement malade dès ce moment de la maladie qui devait l'emporter trois ans plus tard, il était sans volonté ; fataliste, il ne croyait plus à son étoile, il se sentait perdu. Quant à Lebœuf, brave, mais fanfaron et ignorant, il serait cruel de vouloir le comparer au chef d'état-major impeccable de Napoléon Ier qu'était Berthier, ou au stratégiste depuis longtemps préparé à la lutte qu'était Moltke.

L'armée du Rhin était forte sur le papier de 230 000 hommes. Elle devait comprendre sept corps : Mac-Mahon, Frossard, Bazaine, Ladmirault, Failly, Canrobert, Félix Douay et Bourbaki, celui-ci commandant la garde.

Elle était massée dans le quadrilatère Metz-Strasbourg-Mulhouse-Châlons, massée, mais non concentrée.

Le plan arrêté au dernier moment était de franchir le Rhin vers Germersheim, de déboucher dans le pays de Bade, de séparer l'Allemagne du Nord et l'Allemagne du Sud. C'était en Franconie, vers Wurtzbourg, que l'on parlait de livrer, dans les premiers jours d'août, la bataille décisive ; l'on parlait déjà d'être à

Berlin pour le 15 août, où l'on fêterait la fête de l'empereur.

Le ministère de la guerre savait bien que ces projets n'étaient que la plus douloureuse et la plus mensongère imposture. Il savait bien quelle était l'épouvantable désorganisation dans tous les services militaires de toute nature. Les dépêches affolées se succédaient à toute heure rue Saint-Dominique, comme celles-ci que le duc d'Audiffret-Pasquier devait lire un jour à la tribune de l'Assemblée nationale, dans la tragique séance du 23 mai 1872 (1) :

Intendant général à Blondeau, directeur Guerre. — Paris.

Metz, 20 juillet 1870.

« Il n'y a à Metz ni café, ni sucre, ni riz, ni eau-de-vie, ni sel. peu de lard et biscuit.

« Envoyez d'urgence un million de rations sur Thionville. »

Intendant 3ᵉ corps à Guerre. — Paris.

Metz, 24 juillet.

« Le 3ᵉ corps quitte Metz demain.

« Je n'ai ni *infirmiers*, ni *ouvriers* d'administration, ni *caissons* d'ambulances, ni *jours de campagne*, ni *train*, ni *instruments de pesage*, et, à la 4ᵉ division, je n'ai pas même un *fonctionnaire*. Je prie Votre Excellence de me tirer de l'embarras où je suis, le grand Quartier général *ne pouvant me venir en aide bien qu'il y ait plus de 10 fonctionnaires.* »

Sous-intendant à Guerre subsistances. — Paris.

Mézières, 25 juillet.

« Il n'existe aujourd'hui, dans les places de Mézières et de Sedan, ni biscuits, ni salaisons. »

Major général à Guerre. — Paris.

Metz, 27 juillet.

« Les détachements qui rejoignent l'armée continuent à arriver sans cartouches et sans campement. »

(1) Cité d'après les *Tableaux de l'année tragique.*

*

Intendant 7ᵉ corps à Guerre. — Paris.

Belfort, 4 août.

« Le 7ᵉ corps n'a pas d'infirmiers, pas d'ouvriers, pas de train. Les troupes font mouvement. Je pare autant que possible à la situation ; mais il est urgent d'envoyer du personnel à Belfort. »

Général subdivision à Général division. — Metz.

Verdun, 7 août.

« Il manque à Verdun comme approvisionnement de siège, vin, eau-de-vie, sucre et café, lard, légumes secs, viande fraîche. Prière de pourvoir d'urgence pour 4 000 hommes. »

Intendant 6ᵉ corps à Guerre. — Paris.

Camp de Châlons, 8 août.

« Je reçois de l'Intendant en chef de l'Armée du Rhin la demande de 400 000 rations de biscuit et de vivres de campagne.

« Je n'ai pas une ration de biscuit ni de vivres de campagne, à l'exception du sucre et du café.

« Décidez si je dois en envoyer...

« Messieurs, c'est lamentable ; il n'y a rien nulle part ! A Metz, les fortifications ne sont pas complètes. Vous trouvez des places de grande importance où il n'y a qu'un canonnier. A Toul, il n'y en a pas un ; dans d'autres il n'y a pas d'ouvriers du génie ; dans d'autres on est obligé de se servir comme officiers d'artillerie des officiers de la mobile. »

Cependant les avertissements n'avaient pas manqué au gouvernement. Notre attaché militaire à Berlin, le colonel Stoffel, avait maintes fois indiqué dans ses rapports l'état de préparation de nos futurs ennemis, leur armement, leurs projets de mobilisation. Nous savions tout et nous ne sûmes rien préparer ni prévoir. Comme le dit un proverbe latin : Ceux que Jupiter veut perdre sont par lui frappés de folie.

De l'autre côté de la frontière, trois armées se constituèrent dans le plus grand ordre ; au total, 407 000 hommes.

La Iʳᵉ, de 67 000 hommes, commandée par Steinmetz ; elle s'avançait vers la Sarre par Trèves et Sarrelouis.

La IIᵉ, de 180 000 hommes, marchait aussi sur la Sarre par

Mayence, Mannheim, Kaiserslautern ; elle était commandée par le prince Frédéric-Charles, dit « le prince rouge », neveu de Guillaume Ier.

La IIIe, de 160 000 hommes, se composait des contingents de l'Allemagne du Sud, Badois, Hessois, Bavarois, Wurtembergeois. Sous les ordres du prince royal Frédéric, elle se concentrait vers Landau, moins pour empêcher l'irruption très peu probable des Français dans l'Allemagne du Sud que pour envahir l'Alsace.

Dès le premier jour, dès la première heure, la supériorité numérique des Allemands, leur organisation puissante, surtout l'esprit d'offensive continue de leurs chefs allaient leur donner la victoire.

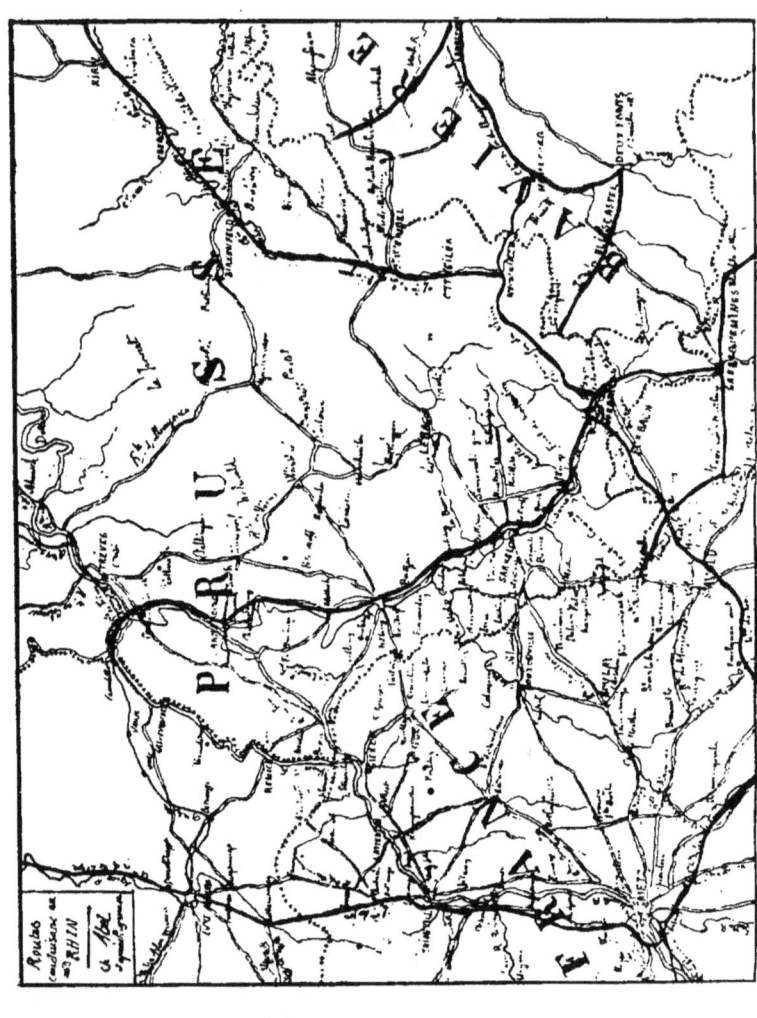

CARTE DISTRIBUÉE AUX OFFICIERS DU 2e CORPS D'ARMÉE FRANÇAIS AU DÉBUT DE LA GUERRE
(L'original a exactement 20 centimètres et demi sur 16 centimètres et demi ;
n° 652 du Musée militaire de Mars-la-Tour, fondé par M. le chanoine J. Faller.)

II

DE WISSEMBOURG A SAINT-PRIVAT

Le 28 juillet, neuf jours après la déclaration de guerre, Napoléon III arrivait à Metz. Le même jour, il adressait une proclamation à l'armée :

« Soldats, je viens me mettre à votre tête pour défendre l'honneur et le sol de la patrie...

« Quel que soit le chemin que nous prenions hors de nos frontières, nous y trouverons les traces glorieuses de nos pères. Nous nous montrerons dignes d'eux.

« La France entière vous suit de ses vœux ardents et l'univers a les yeux vers vous ; de vos succès dépend le sort de la liberté et de la civilisation.

« Soldats, que chacun fasse son devoir et le Dieu des armées sera avec vous. »

Inutile d'insister sur le vide et le vague de ces formules. Bonaparte tenait un autre langage aux soldats de l'armée d'Italie : « Je veux vous conduire dans les plus fertiles plaines du monde... Vous y trouverez honneur, gloire et richesses. Soldats d'Italie, manqueriez-vous de courage ou de constance ? »

A Metz, après quelques jours d'hésitation, on décida de prendre l'offensive.

Le 2ᵉ corps, le corps du général Frossard, qui était le mieux ou le moins mal organisé, fut chargé de passer la frontière. Parti de Forbach, il fit une pointe sur Sarrebruck, le 2 août. Très modeste événement, simple reconnaissance, bien conduite d'ailleurs, qui donna lieu à l'échange de quelques coups de fusil à distance :

il y eut des deux côtés quinze morts et soixante blessés. La presse officielle attribua à l'affaire de Sarrebruck les proportions d'une grande victoire. Des amis maladroits prêtèrent une attitude héroïque au prince impérial, âgé de quatorze ans, qui y avait assisté ; la malveillance ne tarda pas à tourner cette attitude en ridicule.

Le surlendemain, 4 août, à la frontière d'Alsace, les Allemands prenaient l'offensive ; leur première attaque eut un tout autre caractère que la vaine démonstration des Français à Sarrebruck.

Mac-Mahon était venu d'Alger — il était alors gouverneur général de l'Algérie — pour prendre le commandement du 1er corps à Strasbourg. Avec lui étaient débarquées nos vaillantes troupes de l'armée d'Afrique, zouaves, turcos, chasseurs, qui allaient former les contingents les plus solides de l'armée d'Alsace. Que cela seul donne l'idée de la désorganisation militaire des Français, de leur manque absolu de préparation à la guerre, ou mieux encore de l'inintelligence de leurs services d'état-major ! Quel particulier possédant en Alsace des domaines à protéger contre les voleurs ferait venir des gardiens d'Alger, de Bône, de Constantine, d'Oran, quand il lui faudrait au moins dix à quinze jours pour les faire partir, leur faire traverser la Méditerranée, puis toute la France de Marseille à Strasbourg? On dirait de ce propriétaire qu'il est un imbécile ou un fou.

Arrivé à Strasbourg, Mac-Mahon trouva tout en proie à la désorganisation la plus profonde. Ce qu'il savait lui-même de l'Alsace, il l'apprenait à l'instant même sur des cartes que lui prêtait l'ingénieur en chef des ponts et chaussées du Bas-Rhin. Son corps d'armée se composait en tout pour le moment de quatre divisions d'infanterie ; la deuxième, celle d'Abel Douay, fut placée à Wissembourg, sur la Lauter.

Là, dans cet angle de la frontière d'Alsace, isolé, le général Abel Douay était dans une position très dangereuse. Il avait mis dans la ville même un bataillon du 74e de ligne, et à la gare les turcos du général Pellé ; les quatre mille hommes qui lui restaient furent postés à deux ou trois kilomètres au sud, sur le plateau du Geisberg. Au même endroit, l'armée de Hoche en 1793 avait gagné une grande victoire : autre temps, autre histoire.

La division Abel Douay était dans une attitude purement défensive, sans aucune troupe de cavalerie pour battre le terrain en avant d'elle et éclairer sa position. « Choisir la position défensive ou se la laisser imposer, comme l'a dit le colonel Marchand et comme le dit tout homme de guerre, c'est accepter la défaite dès avant que la vraie lutte soit entamée. Le résultat du combat étant ainsi acquis d'avance, ce n'est même plus la peine de le livrer. Il est préférable de s'en aller. »

Le 4 août au matin, à huit heures et demie, des hauteurs de Schweigen, au nord de Wissembourg, tout à coup une batterie bavaroise commence le feu. Attaqué à la gare par les forces très supérieures des Bavarois et des Prussiens, Pellé tient tête jusqu'à midi ; sur le point d'être tourné et débordé, il doit se replier sur le Geisberg et abandonner Wissembourg. Il y avait dans la petite ville en tout cinq cents hommes. L'artillerie bavaroise démolit en quelques coups de canon la porte de Landau. Bientôt l'ennemi se précipite dans la ville. Entourés de toutes parts, nos malheureux soldats doivent mettre bas les armes vers midi et demi.

Restait en arrière le Geisberg. Abel Douay était à la position des Trois Peupliers, à côté des batteries de mitrailleuses, qui faisaient beaucoup de mal à l'ennemi ; atteint d'un éclat d'obus, il mourut presque tout de suite à la ferme du Schafbusch. Pellé prend le commandement. Les Français reculent sur le château du Lembach, qui domine la colline du Geisberg. Le régiment prussien des grenadiers du roi fut décimé en voulant s'en emparer. Il fallut que l'ennemi disposât trente pièces en batterie pour arriver, à la fin de la journée, à la prise de cette bicoque. Cette résistance acharnée permit à une partie de la division Pellé de se replier vers l'ouest, puis vers le sud, dans la direction de Wœrth.

La journée de Wissembourg, du 4 août, fut pour nous une journée héroïque : cinq mille Français avaient tenu en échec, pendant six heures, plus de quarante mille Allemands ; mais ce fut le commencement des surprises et des revers. En petit, c'est l'histoire de toutes les grandes défaites des Français en 1870 : armées jamais éclairées, toujours surprises, se battant par fractions séparées, sans direction d'ensemble, — ici à la gare, à la ville, au Geisberg, au Lembach, — faisant des prodiges de valeur, mais victimes fatales de l'impuissance de leurs chefs et de leur infériorité numérique.

Le lendemain, à travers les rues de Soultz et de Wœrth, un défilé ininterrompu passait pendant des heures entières ; c'étaient les Bavarois, Badois, Prussiens, qui poussaient des hourras de victoire. Devant cette marée qui montait d'une poussée irrésistible, les paysans d'Alsace s'enfuyaient, en proie à l'épouvante.

L'invasion de la France commençait. En six mois à peine, cette souillure allait couvrir toute la France de l'Est et du Nord, jusqu'à Dijon, Orléans, Tours, le Mans, Rouen, Saint-Quentin. Car ce fut, de la part de l'ennemi, six mois d'offensive sans merci.

**

Mac-Mahon voulut réparer l'échec de Wissembourg, en combattant dans la basse Alsace même et non derrière la ligne des Vosges ; son armée était la seule défense de Strasbourg et de toute la région du Rhin. Il avait en tout quarante-six mille hommes et cent vingt canons.

La IIIe armée allemande, qu'il voulait arrêter, était trois fois plus forte : cent vingt-six mille hommes et trois cents pièces.

Le maréchal rangea sa faible armée sur la rive droite de la Sauer, en occupant les hauteurs de Frœschwiller et d'Elsasshausen.

Le 6 août au matin, les divisions françaises avaient leur poste de combat : à gauche, Ducrot, en avant de Frœschwiller ; — au centre, Raoult, défendant la route qui de Wœrth gravit les pentes rapides dominées par Elsasshausen, Reichshoffen, Frœschwiller ; — à droite, Lartigue, tenant le bois de Niederwald, un peu au sud de Wœrth ; — derrière Lartigue, les 8e et 9e cuirassiers de la brigade Michel ; — en avant, entre le Niederwald et Elsasshausen, la division de cavalerie Bonnemains.

Retranché sur ces hauteurs rapides, dans un terrain coupé par des vergers et des houblonnières, le duc de Magenta n'avait pas occupé sur la rive droite de la Sauer, au pied même de Frœschwiller, le gros bourg de Wœrth. C'est par là qu'allait se faire une des principales attaques des Allemands. Pour eux, la bataille du 6 août s'appelle la bataille de Wœrth ; pour nous, c'est plutôt la bataille de Frœschwiller.

Dans la pensée de Mac-Mahon, comme dans la pensée du prince royal, la journée du 6 août devait être employée à prendre les dernières dispositions en vue de la bataille à livrer le lendemain. Les Allemands s'établirent de leur côté sur la rive gauche de la Sauer ; en bonne place, leur artillerie puissante commandait le bourg de Wœrth.

La bataille se livra dès le 6 août. Un corps prussien fit une reconnaissance sur Wœrth ; fidèle à l'esprit d'offensive inspiré par Moltke, il s'engagea à fond. Les autres corps, fidèles à l'esprit de discipline, donnèrent avec vigueur pour le soutenir. L'escarmouche du matin devint tout de suite la plus violente des batailles.

Jusque vers midi, Mac-Mahon était vainqueur, en ce sens du moins qu'aucune de ses positions n'avait été entamée. Cette nouvelle, prématurément envoyée à Paris, devait y causer en quelques heures la plus folle des joies et la plus lugubre des déceptions.

Pendant la première partie de la journée, en effet, l'attaque téméraire du Ve corps prussien, du général Kirchbach, avait échoué sur les pentes qui gravissent les talus d'Elsasshausen et de Fræschwiller. Mais l'artillerie allemande, établie sur la gauche de la Sauer, écrasait de ses obus Elsasshausen et le Niederwald.

A une heure le prince royal, arrivé de sa personne près de Wœrth, donne le signal d'un assaut général sur toutes les lignes qui montent à Fræschwiller. Les Français tiennent encore à gauche et au centre, mais à droite, la division Lartigue fléchit et cède. Soixante-douze pièces d'artillerie établies à Gunstett, sur la gauche de la Sauer, vomissent un feu épouvantable. Une partie des Allemands se glissent par là dans la direction du Niederwald ; ils parviennent à s'emparer, par derrière, au sud, du village de Morsbronn. C'est le moment tragique et décisif.

Lartigue est sur le point d'être enveloppé. Il appelle à son aide la brigade Michel, les 8e et 9e cuirassiers, augmentée du 6e lanciers. Le terrain ne se prêtait certes pas à une charge, avec les houblonnières qui le hérissaient et les fossés qui le découpaient ; mais c'était pour Lartigue la ressource suprême. « Allez, dit-il à l'un des colonels ; allez, et faites comme à Waterloo. »

Les régiments s'ébranlent au cri de « Vive la France ! » Comme un ouragan, bondissant par-dessus les fossés et les troncs d'arbres, la brigade Michel s'engouffre dans le village de Morsbronn. Elle y est accueillie par un feu infernal. Mais emportée par son élan, la trombe d'hommes et de chevaux passe. A la sortie du village, ceux qui sont encore debout essaient de se rallier. Des hussards prussiens viennent les charger. Ces superbes cavaliers, ces colosses bardés de fer succombent : la brigade Michel n'existe plus. Admirable, héroïque dévouement, mais inutile sacrifice !

Le 3e zouaves, dont l'héroïsme ne fut pas moins digne d'admiration, tint une heure encore dans le Niederwald ; mais la droite des Français était définitivement tournée.

Rejeté sur Frœschwiller, menacé sur son front par les troupes de Kirchbach qui débouchent de Wœrth, menacé sur sa droite par les Allemands qui sortent du Niederwald, Mac-Mahon pour se dégager tente un dernier effort avec ses réserves.

La division Bonnemains, formée des 1er, 2e, 3e et 4e cuirassiers, fond vers Elsasshausen sur les bataillons prussiens ; elle fournit une autre charge désespérée, aussi belle, aussi inutile ; c'est la charge qui est demeurée historique sous le nom de charge des cuirassiers de Reichshoffen.

Après les cuirassiers, ce sont les turcos, le 1er et le 2e régiment de tirailleurs algériens ; déjà l'avant-veille, à Wissembourg, ils s'étaient conduits en héros. Poussant des cris sauvages, ils bondissent comme des tigres. Ils reprennent Elsasshausen et déblaient plus d'un kilomètre de terrain dans la direction du Niederwald. Mais ils viennent se faire tuer à la gueule même des canons prussiens. Comme les cuirassiers géants à l'armure d'acier, les turcos, maigres et noirs, aux uniformes bleus soutachés de jaune, les turcos n'existaient plus.

Pauvres soldats ! Quand j'appris moi-même il y a plus de quarante ans la nouvelle de ce désastre, il y avait quelques jours à peine que je les avais vus débarquer à Marseille des navires qui les avaient amenés d'Algérie. Joyeux, pleins d'entrain, ils avaient traversé la ville, en laissant derrière eux je ne sais quelle espérance ou mieux je ne sais quelle certitude de victoire. Et voilà qu'ils avaient tous péri !

Mac-Mahon n'avait plus d'autre issue qu'à l'ouest, du côté de Reichshoffen. Ducrot protégea la retraite, tandis que Frœschwiller même était le théâtre d'une dernière bataille dans les rues. Vers cinq heures, les Allemands envahissaient Frœschwiller.

Épuisés eux-mêmes, car ils avaient plus de dix mille hommes hors de combat, ils ne poursuivirent pas les vaincus plus loin que Niederbronn.

L'armée de Mac-Mahon s'enfuit, éparpillée. Abandonnant l'Alsace, elle recula par Saverne, Phalsbourg, Nancy. Ce mouvement de retraite ne s'arrêta qu'à Châlons le 17 août. Du coup, toute la route de Nancy et de Strasbourg était perdue.

A Châlons on réorganisa ce qui restait de cette vaillante armée d'Afrique ; ce fut pour l'envoyer périr à Sedan.

***

Le même jour, le 6 août, à notre gauche, un échec presque aussi grave, la bataille de Forbach ou de Spicheren, ouvrait la Lorraine aux Allemands.

Frossard, qui ne se jugeait pas en sûreté à Sarrebruck, s'était replié sur Forbach et le plateau de Spicheren. Le 6 août, il fut brusquement assailli — toujours la même tactique — par l'avant-garde de Steinmetz. Il commença par résister très bien ; à un moment, s'il avait pris l'offensive, il aurait pu rejeter les Allemands dans la Sarre. Mais les forces de l'ennemi grossissaient d'heure en heure. Notre gauche finit par être tournée vers Forbach. Alors, vers sept heures du soir, Frossard ramena tout son monde à droite, sur les hauteurs qui dominent la Sarre, et se retira au sud, vers Sarreguemines. Il avait perdu quatre mille hommes. Il avait livré cette bataille avec trente mille hommes contre soixante-dix mille.

Pendant cette triste journée, le 3e corps avec Bazaine était resté immobile, à quelques kilomètres à peine, dans son camp de Saint-Avold. En vingt minutes, le chemin de fer aurait pu le conduire sur le lieu de l'action. Aux instances de Frossard, Bazaine avait répondu qu'il voulait le laisser gagner, à lui seul, son bâton de maréchal. Il se borna à faire faire à la fin de la journée quelques manœuvres inutiles. Frossard était vaincu ; lui, Bazaine, avait conservé intacts ses bataillons. C'est peut-être ce jour-là qu'ont commencé à germer en son âme les idées criminelles où devait sombrer, avec son honneur, — ce qui était peu, — la fortune de la France, — ce qui était beaucoup.

Le 7 août, l'empereur décida de se replier sur Metz ; mais les ordres les plus contradictoires se succédaient.

A Paris, le ministère Émile Ollivier était tombé devant l'explosion de colère de la Chambre. L'impératrice-régente dut constituer un nouveau ministère le 10 août. Le général Cousin-Montauban, comte de Palikao, fut nommé président du conseil et ministre de la guerre.

L'un de ses premiers soins fut de nommer Bazaine commandant en chef des troupes qui se repliaient sous Metz : à savoir le 2e corps (Frossard), le 3e (Decaen ; après Borny, Lebœuf), le 4e (Ladmirault), le 6e (Canrobert), venu du camp de Châlons, la garde impériale (Bourbaki), venue de Nancy, où les Prussiens entrèrent le 12 août. Au total, près de deux cent mille hommes, parmi lesquels seuls les soldats de Frossard avaient été engagés.

Agé à cette époque de cinquante-neuf ans, Bazaine s'était engagé en 1831, à vingt ans, dans un régiment de l'armée d'Afrique. Envoyé au Mexique comme général de division, il y avait reçu le bâton de maréchal. Depuis son retour, il était resté dans une sorte de disgrâce ; ses relations avec l'empereur étaient très froides. De cela même il était résulté pour lui, auprès du parti de l'opposition, une véritable popularité. Le Corps législatif et l'opinion publique le regardaient comme le seul homme capable de ramener la fortune. Le ministère Palikao lui donna, le 12 août, le commandement de toute l'armée. Qui pouvait se douter alors de l'apathie, de la nullité intellectuelle, de la perversité morale du nouveau commandant en chef?

Napoléon, qui était encore dans l'armée de Bazaine, avait fait adopter le plan de passer sur la gauche de la Moselle et de faire retraite sur Verdun et Châlons. La division Laveaucoupet, du corps de Frossard, devait seule rester à Metz. Bazaine adopta ce plan ; mais il semble qu'il n'ait eu d'autre idée que de le faire avorter et surtout de se débarrasser de la présence de l'empereur.

Le mouvement de retraite commença le 14 août par le départ de Metz de l'empereur. Il ne restait alors sur la rive droite que le 3e corps, de Decaen, et la garde.

Le 14 août, dans l'après-midi, la petite armée française d'arrière-garde qui était sur la droite de la Moselle et de la Seille fut brusquement attaquée à Borny. L'attaque commença, comme à Frœschwiller, comme à Forbach, par une reconnaissance téméraire de l'ennemi ; ici, c'était le général Goltz, de l'avant-garde de Steinmetz. Le corps de Decaen s'arrête et fait volte-face. Ladmirault, avec le 4e corps, repasse la Moselle pour venir prendre part à l'action. Ce fut la bataille de Borny.

Bazaine dirige la bataille ; il y fut blessé d'un éclat d'obus. Toute sa tactique consista à garder ses positions. Les Allemands finirent par amener en ligne soixante-dix mille hommes. Mais leurs pertes furent supérieures aux nôtres, et ils ne purent enlever les hauteurs de Bellecroix, entre Borny et Metz.

Aussi la journée fut regardée comme un succès, et Napoléon félicita Bazaine d'avoir « rompu le charme ». En réalité, cette bataille sans résultat faisait perdre aux Français un jour pour la retraite ; et pour l'armée de Frédéric-Charles, qui voulait les devancer sur la route de la Meuse, c'était un jour de gagné.

Le 15 août, les Français reprirent leur mouvement vers l'ouest. Bazaine, comme s'il voulait rendre la retraite impossible, avait donné l'ordre de prendre une seule route, celle qui monte de Metz au plateau de Gravelotte. Il en résulta un encombrement sans nom ; il suffisait presque, en effet, qu'un homme ou qu'un cheval tombât, pour que tout le mouvement en arrière s'arrêtât. L'écoulement des troupes se fit avec une lenteur telle que les têtes de colonne, après une journée de marche, étaient à peine arrivées à Rezonville et à Vionville, à dix kilomètres de Metz.

L'empereur, malade, découragé, avait passé cette journée du 15 août — triste fête impériale ! — à Gravelotte, dans une auberge. Le 16 au matin, Bazaine vint assister à son départ. L'empereur partait pour Verdun par la route de Conflans.

Quand Bazaine vit Napoléon s'éloigner de Gravelotte, il ne cacha pas son soulagement. Était-ce la joie de ne plus traîner avec lui un malheureux, abattu, défait, cruellement malade, qui semblait conduire son propre deuil? Non, c'était la joie d'être débarrassé de tout contrôle. L'armée était à lui ; elle n'était plus qu'à lui ; il en était le maître.

La dernière chose que l'empereur lui avait recommandée avec instance, c'était de le suivre immédiatement, sans perdre un instant ; les minutes étaient précieuses.

La première chose que fit Bazaine, ce fut de suspendre la retraite ; il donna pour prétexte d'attendre le 3e et le 4e corps. Quand ils auraient rejoint, on recommencerait la retraite l'après-midi.

Or, le même jour, 16 août, à neuf heures du matin, quelques heures à peine après le départ de l'empereur, les Allemands nous attaquaient. Ce fut la bataille de Rezonville ou de Gravelotte, qu'ils appellent eux-mêmes la bataille de Mars-la-Tour : la plus sanglante de la guerre (seize mille hommes y périrent de chaque côté) ; la plus décisive peut-être, car elle fournit à Bazaine le prétexte qu'il semblait chercher depuis deux jours, de se rejeter sous Metz et de n'en plus bouger.

*_**

Après la bataille de Borny, l'armée du prince Frédéric-Charles s'était emparée des ponts au sud de Metz, à Novéant et à Pont-à-

Mousson. Dès le 15 août, une de ses divisions était sur la rive gauche de la Moselle. Cependant le prince rouge ne croyait pas devoir rencontrer si près de Metz l'armée de Bazaine. Il pensait l'atteindre vers la Meuse. Une fois encore, la bataille fut engagée par un de ses généraux qui agit de son propre mouvement ; car on les avait tous bien pénétrés de cette idée qu'il fallait agir, marcher, attaquer, et qu'on les soutiendrait.

Le général Alvensleben, commandant du IIIe corps, vint attaquer, vers dix heures du matin, en débouchant du côté du sud, le 2e corps (Frossard), qui était établi vers Vionville et Tronville. Son audace aurait dû lui coûter cher, car il se heurtait à des forces très supérieures en nombre : toute l'armée française était là. Mais il attaqua avec une impétuosité extraordinaire, tandis que les Français ne pouvaient lui opposer qu'une résistance imparfaite ; Bazaine accumulait, en effet, toutes ses défenses du côté de l'est, au sud de Rezonville et Gravelotte. On eût dit que, loin de songer à s'ouvrir la route de Verdun, il ne se souciait que d'une chose, n'être pas coupé de Metz.

Frossard, isolé, évacue Tronville et Vionville ; il se replie vers Rezonville. A un moment, dans une charge des hussards de Brunswick contre les cuirassiers de la garde, l'état-major du maréchal fut dispersé. Bazaine dut tirer l'épée et faillit être pris. Pendant quelques instants, il galopa côte à côte avec un officier prussien.

Mais voici une nouvelle phase de la bataille. Canrobert, avec le 6e corps, s'avance pour reprendre Vionville. Assailli par la charge furieuse des escadrons de Bredow, qu'il parvient à repousser, il ne se laisse pas entamer ; mais, comme il n'était pas soutenu, il ne peut pas aller plus en avant.

Vers deux et trois heures, c'est Lebœuf (3e corps), c'est Ladmirault (4e corps), qui débouchent à notre extrême droite, dans la direction de Mars-la-Tour. Qu'ils attaquent avec vigueur la gauche d'Alvensleben : ils peuvent rejeter dans la Moselle l'armée prussienne, épuisée par ses attaques répétées.

Au même moment, à l'extrême gauche allemande, le Xe corps allemand, de Voigts-Rhetz, entrait en ligne. Le prince Frédéric-Charles avait appris à Pont-à-Mousson, dans l'après-midi, l'offensive et la détresse d'Alvensleben. Il accourt à franc étrier, en deux heures d'un galop effréné. De Vionville il embrasse la bataille ; sur-le-champ, il ordonne une offensive vigoureuse sur sa gauche, vers Mars-la-Tour : il faut couper aux Français la route de Verdun à tout prix.

La division Cissey, du 4e corps, arrêtait alors la brigade allemande de Wedell. Les Français semblaient reprendre l'offensive ; le 4e corps (Ladmirault) allait déborder la gauche prussienne. Dans cet instant critique, Frédéric-Charles lance en avant ses escadrons.

Alors au nord de Mars-la-Tour, près du Fond de la Cuve, sur le plateau de Ville-sur-Yron, eut lieu la terrible mêlée de cinq mille cavaliers qu'on appelle la charge de Rezonville ou de Mars-la-Tour. C'est la scène la plus terrible de la guerre et la plus grandiose dans sa fureur sauvage que cette chevauchée de régiments de cavalerie français et allemands, qui tourbillonnent et s'entretuent, au milieu de cris de rage, des « En avant ! » et des « Vorwærts ! » La cavalerie prussienne finit par se retirer.

La bataille ne prit fin que vers dix heures du soir. La nuit descendit silencieuse sur ces champs et ces bois où gisaient trente-deux mille morts ou blessés.

Les Français croyaient tenir la victoire. Malgré le décousu de la journée, la route de Mars-la-Tour était libre encore ; un nouvel effort le lendemain, et les Allemands étaient rejetés dans la Moselle. La stupidité criminelle de Bazaine, qui disposait de cent vingt mille hommes, ne voulait pas d'une victoire sur les ennemis, qui n'étaient que soixante-cinq mille. Dans la journée, il avait obstinément accumulé tout son monde, Bourbaki et la garde, vers Rezonville et Gravelotte. Le soir, « à neuf heures, il prescrit de rester sur place ; à dix heures, il dit à un chef d'état-major qu'il n'avait pas d'ordre à donner ni de renseignements à se procurer. Il est onze heures, il se décide, et c'est pour la défaite (1) ».

J'ai visité, il y a quelques semaines, ces champs de bataille. De tous les côtés on n'aperçoit que des monuments funèbres, des croix, des tombes. Les souvenirs sont là, qui hérissent le sol, de cette lutte de géants où la fortune de toute la guerre venait de se décider. A parcourir ces plaines, toutes saturées d'héroïsme, où tant de milliers de nos frères ont offert leur vie en holocauste à la patrie, où il semble, comme on l'a dit, que nos morts nous attirent, le vers de la *Divine Comédie* s'offre de lui-même à la mémoire :

> E se non piangi, di che piangere suoli ?
> (Si tu ne pleures pas, de quoi donc pleures-tu ?)

(1) G. Bapst, *Le soir de Rezonville.*

**

Les Prussiens étaient maîtres à présent de la route de Metz à Verdun par Mars-la-Tour, puisque volontairement Bazaine la leur abandonnait ; le surlendemain, ils allaient couper la route de Metz à Verdun par Briey. Alors, ce serait fini.

Le soir même de la bataille de Gravelotte, le maréchal donna l'ordre de se replier sur Metz : il prétexta la pénurie des vivres et des munitions. L'armée brûlait de recommencer la bataille au même endroit ; on lui disait de reculer. Sans comprendre, elle obéit ; mais dès ce jour, elle commença à perdre sa foi en celui qui la commandait.

Le 17 au soir, l'armée française faisait face vers l'ouest, comme Dumouriez à Valmy. Tournant le dos à la Moselle, elle s'étendait sur une longueur de trois à quatre lieues, depuis Rozérieulles, au sud, en face de Gravelotte, jusqu'à Saint-Privat-la-Montagne, au nord, sur la route de Metz à Briey.

Du sud au nord, c'était le 2e corps (Frossard), le 3e (Lebœuf), le 4e (Ladmirault), à Amanvillers, le 6e (Canrobert), à Saint-Privat.

Dans la journée du 17, les Prussiens avaient continué leur grand mouvement enveloppant ; ils avaient transporté toute leur armée sur la rive gauche de la Moselle. Sous les ordres directs du roi et de Moltke, ils étaient cent quatre-vingt mille hommes qui s'établirent à l'ouest de nos lignes. Ils tournaient le dos à Paris. Pour eux aussi, c'était la position de Valmy.

La journée du 18 août fut la bataille d'Amanvillers ou de Saint-Privat.

Elle fut marquée, de la part des Français, par une lutte furieuse, sans un instant de répit. Généraux et soldats semblaient avoir juré de prendre leur revanche de l'avant-veille ; les combattants du 18 août sont dignes de toute notre admiration.

L'attaque ennemie commença au centre, contre le corps de Ladmirault, à Amanvillers ; toute la fougue du prince rouge se brisa contre la solidité des Français. De même la droite ennemie, avec Steinmetz, puis avec Fransecky, ne put entamer, malgré toute sa furie, les positions de Lebœuf et de Frossard. Dans cette partie, les Français restaient maîtres de leurs positions.

Mais, à la même heure, notre droite était tournée : Canrobert rétrogradait sur Metz.

Canrobert occupait Saint-Privat. Face à lui était la garde royale prussienne. Partie de Sainte-Marie-aux-Chênes, bravement, comme à la parade, elle gravit le glacis qui monte à Saint-Privat. Elle éprouve un échec terrible ; en une demi-heure, ce corps d'élite a perdu près de six mille hommes. Saint-Privat, suivant le mot du roi Guillaume, fut le tombeau de la garde.

Alors, pour démolir la forteresse imprenable où tenait Canrobert, il fallut recourir au canon. Deux cent quarante pièces ouvrirent sur Saint-Privat un feu épouvantable. Canrobert avait en tout soixante-dix-huit pièces. Saint-Privat ne fut bientôt plus qu'un monceau de ruines.

Une nouvelle attaque d'infanterie se produisit : les Français n'avaient plus de munitions. Dans les rues, à coups de baïonnettes et de crosses, ce fut un terrible combat. Mais il fallut évacuer Saint-Privat et se replier sur Metz, tout en continuant à faire face à l'ennemi qui nous harcelait.

Ladmirault évacuait en même temps Amanvillers pour regagner Metz.

Nous avions perdu treize mille hommes, les Allemands vingt mille ; mais nous reculions et les Allemands avançaient. Ils occupaient à présent la route de Briey, comme ils occupaient déjà la route de Mars-la-Tour.

Qu'est-ce que Bazaine avait donc fait dans cette journée terrible ? Enfermé dans son quartier général au fort de Plappeville, sous les murs mêmes de Metz, il laissait les chefs de corps « se débrouiller ». On lui demande des renforts : « Votre général a de très fortes positions : qu'il les défende ! » On lui dit de faire marcher la garde, qui reste immobile à quelques centaines de mètres de l'endroit où se joue le sort de l'armée et de la France. « Ce n'est rien. Les Prussiens ont voulu nous tâter. C'est fini. »

Une seule fois, il apparut sur le champ de bataille, mais du côté du sud. Tout ce qu'il fit pour répondre aux instances répétées et suppliantes des aides de camp de Ladmirault et de Canrobert, qui crèvent leurs chevaux pour arriver à lui, ce fut d'envoyer en tout deux batteries de la réserve ; elles partirent si tard qu'elles arrivèrent après l'abandon de Saint-Privat.

« Canaille ! grommelait le pauvre Canrobert dans sa retraite. Ne m'envoyer ni munitions ni la garde ! Canaille ! Canaille ! »

Le lendemain de Saint-Privat, les troupes campaient sous les forts de Metz ; elles ne devaient plus en bouger. Une armée de cent soixante mille hommes, sous les ordres du prince Frédéric-Charles, commençait le blocus de la capitale de la Lorraine.

Les soldats de Borny, de Gravelotte et de Saint-Privat, — ces héros, — allaient être à jamais perdus pour la patrie.

> Gloire à notre France éternelle !
> Gloire à ceux qui sont morts pour elle !
> Aux martyrs ! aux vaillants ! aux forts !
> A ceux qu'enflamme leur exemple,
> Qui veulent place dans le temple,
> Et qui mourront comme ils sont morts !

III

SEDAN, METZ

Les débris du 1er corps, échappés au désastre de Frœschwiller, étaient arrivés à Châlons. Ils y furent rejoints par le 5e corps (Failly), venu de Bitche, et par le 7e (Félix Douay), venu de Mulhouse. On constitua ainsi une nouvelle armée, de cent vingt mille hommes, à la date du 17 août ; elle fut placée sous le commandement de Mac-Mahon.

Le plan du duc de Magenta était de se porter sous les murs de Paris ; c'était aussi l'avis de l'empereur, qui, parti de Gravelotte le 16 août, venait d'arriver à Châlons. Mais l'impératrice-régente déclarait que l'empereur ne rentrerait pas vivant aux Tuileries. De son côté, Palikao s'opposait avec force à toute retraite sur Paris. Son plan était d'envoyer la nouvelle armée de Mac-Mahon au secours de l'armée de Bazaine, dont l'immobilité à Metz paraissait inexplicable. Les Français prendraient ainsi entre deux feux l'armée de Frédéric-Charles ; quant à l'armée du prince royal, qui suivait depuis le 6 août les vaincus de Frœschwiller, elle serait obligée de se retirer, pour n'être pas prise de flanc par la jonction de toutes les forces françaises.

Qu'une offensive aussi hardie pût brusquement changer le cours des événements, c'était possible ; à la condition, toutefois, de prendre une décision immédiate, de marcher, de courir, de voler. « Activité, activité, vitesse ! » c'était tout le mot d'ordre que Napoléon Ier donnait à Masséna au début de la campagne de 1809. Mais Masséna avait sous la main une partie de ces régiments admirables, qui depuis Fleurus et Rivoli jusqu'à Austerlitz, Iéna et

Friedland, n'avaient cessé d'aller de victoire en victoire, traversant l'Europe d'un élan irrésistible. Mac-Mahon avait sous la main des troupes ou déjà vaincues, ou démoralisées, ou mal entraînées. De 1809 à 1870, de Napoléon Ier à Napoléon III, les temps et les hommes étaient bien changés.

Cependant, il fallait prendre un parti ; c'était une question d'heures. Mac-Mahon commença par se porter à Reims, le 21 août ; ce qui revenait à bouger sans avancer, car, à Reims, il n'était pas plus près, ni de Paris, ni de Metz. Il traînait avec lui ce malheureux empereur, qui faisait pitié, qui allait suivre ses soldats jusqu'au jour du sacrifice suprême, et qui allait y assister inutile, impuissant, inerte.

A Reims, il y eut encore deux jours de perdus en concentrations, surtout en tergiversations. Enfin, le 23 août, Mac-Mahon se remit en marche. Cette fois il tournait le dos à Paris et il s'avançait vers le nord-est. Son armée avait été accrue du 12e corps, du général Lebrun, qui comprenait les troupes excellentes de l'infanterie de marine de la division Vassoigne. Mais elle se mouvait avec une extrême lenteur. A Rethel, elle perdit encore près de deux jours, le 24 et le 25. Elle était à peine arrivée le 26 et le 27 à la hauteur de Vouziers. C'est là qu'elle fut découverte par les reconnaissances de la cavalerie allemande.

A cette époque, milieu de la seconde quinzaine d'août, deux armées ennemies se dirigeaient sur Paris, à toute vitesse. L'une, l'armée du prince royal, qui marchait dans l'élan de sa victoire de Wœrth, venait de déboucher, les 24 et 25 août, dans la plaine de Champagne, par Bar-le-Duc et Vitry-le-François. L'autre, la IVe armée ou armée du prince royal Albert de Saxe, s'avançait parallèlement, au nord, c'est-à-dire sur la droite ; à la même date, elle débouchait aussi en Champagne, dans la direction de Sainte-Menehould.

Jusqu'au 26, Moltke n'eut d'autre objectif que Paris. Dans l'ignorance des mouvements de l'armée de Mac-Mahon, il crut que cette armée n'avait d'autre but que de couvrir la capitale ; il en fut même convaincu par la nouvelle de son transport de Châlons à Reims.

Brusquement, la vérité lui apparut. Il la sut d'abord par les indiscrétions déplorables des journaux français, qui, pour tenir leurs lecteurs au courant, publiaient toutes les nouvelles. Il la sut surtout par les reconnaissances de la cavalerie allemande.

Voilà la vraie cavalerie, c'est-à-dire celle à qui l'on a demandé de jouer son vrai rôle : les uhlans battaient le pays en tous sens, sans répit, nuit et jour, semant la terreur chez les populations affolées qui les voyaient sortir de tous les plis de terrain. Un soir, en arrivant du côté de Nouart, les cavaliers allemands, harassés de fatigue, poussèrent des hourras de victoire : devant eux, au nord et au nord-ouest, ils venaient d'apercevoir la ligne de feu des bivouacs de l'armée française. C'est la joie du chasseur qui a dépisté le gibier ; il n'a plus désormais qu'à le lancer, à l'atteindre et à le tuer.

Aussitôt, Moltke arrête la marche sur Paris. Dès le 26, un grand mouvement de conversion tourne tout de suite du côté du nord l'armée du prince royal, avec ses cent soixante mille hommes, et l'armée de la Meuse, avec ses quatre-vingt-dix mille hommes. On dirait une machine, parfaitement construite, qui tourne sur elle-même, sans à-coups, d'un quart de circonférence.

Il est triste de comparer la sûreté, la précision, la rapidité de ces deux armées allemandes, qui viennent de changer en quelques heures leur direction de marche et qui à présent vont droit au nord par la Meuse, l'Aire et l'Aisne, comme si elles faisaient des grandes manœuvres en temps de paix et en terre allemande, — avec le décousu, la lenteur de l'armée de Mac-Mahon ; celle-ci se traîne d'étapes en étapes, perd des heures et des jours, n'éclaire pas sa marche, elle ne peut pas même arriver à atteindre la Meuse, dont elle n'est séparée que par quelques kilomètres.

Le 27 août, à Buzancy, la cavalerie de Failly est brusquement assaillie par les escadrons d'Albert de Saxe. Mac-Mahon renonce alors à la marche en avant dans la direction de Metz ; il prend le parti de rétrograder au nord sur Mézières. Son idée est d'éviter le contact pour sauver son armée. Mais un ordre formel arrive de Paris ; il faut continuer la marche en avant et secourir à tout prix Bazaine.

Mac-Mahon, une fois de plus, revient sur ses pas. L'armée ne va plus sur Mézières ; elle va sur Mouzon, les instructions ont été données d'y franchir la Meuse le 30 août au plus tard.

Le 5e corps (Failly), qui est à la droite, c'est-à-dire dans la partie la plus exposée, s'épuise en funestes détours. Le 27, à Buzancy, il avait eu un brusque contact avec l'ennemi ; le 29, à Nouart, il a encore un engagement avec les Saxons. Alors, il se reporte au nord ; dans la nuit du 29 au 30, il arrive à Beaumont.

Les troupes étaient à bout de forces ; les soldats, épuisés, tombaient comme des masses. Cependant Failly montrait une incroyable sécurité, bien que sa position fût très dangereuse ; car, de trois côtés, Beaumont est dominé par des bois épais. Il ne prit pas une précaution ; pas un détachement ne fut envoyé en reconnaisssance ; c'est à peine si quelques sentinelles furent postées à côté même des compagnies disloquées et en repos. Les hommes se mirent à faire la soupe.

Tout à coup, à midi et demi, dans cette même journée du 30 août, sortant des fourrés qui dominent la Meuse, une terrible pluie d'obus se mit à fondre sur les Français. Ce fut un moment d'une indicible confusion. Dans cette triste guerre, où les Français furent si souvent surpris, il n'y eut jamais une surprise plus foudroyante. Au bout de deux heures, la position n'était plus tenable. Alors Failly donne l'ordre d'évacuer Beaumont et de se replier sur Mouzon.

Il fallait sauver les débris du 5e corps. On demanda encore à la cavalerie de se sacrifier. Pauvre cavalerie, si inintelligemment employée par les chefs de corps français ! Elle est l'arme offensive par excellence, puisqu'elle est l'arme rapide et mobile, qui peut, qui doit se transporter partout ; on n'a jamais su lui demander que des sacrifices inutiles. Cette fois, ce fut le 5e cuirassiers, du colonel de Contenson, qui se fit décimer.

Cependant l'ennemi, qui avait perdu lui-même trois mille cinq cents hommes, fut tenu en arrêt pendant quelques moments. Le corps de Lebrun put appuyer les débris du corps de Failly ; le même soir, ils parvinrent à atteindre Mouzon et à y franchir la Meuse, dans une confusion facile à comprendre.

Cette funeste et stupide bataille du 30 août coûtait aux Français quatre mille huit cents hommes ; mais elle avait un plus triste résultat : l'opération projetée, la marche sur Metz, était impossible. Mac-Mahon, revenant à son idée de se dérober au plus tôt dans la direction du nord, indiqua la position de Sedan comme point de ralliement.

Dans la journée du 31 août, toute l'armée française se trouvait réunie sous les murs de Sedan.

**

Le terrain où allait s'engager la bataille suprême, a la forme d'un triangle. Le sommet est au nord le calvaire d'Illy, avec le bois de la Garenne ; la base est la Meuse avec Sedan, qu'entourent de vieilles fortifications ; les côtés sont formés par deux ravins qui descendent vers la Meuse : à l'est, en amont, le ravin de Givonne, à l'ouest, en aval, le ravin de Floing.

Le 12ᵉ corps, de Lebrun, prit position à Bazeilles, près du sommet de l'angle formé par la Meuse et le ruisseau de Givonne. Plus au nord, à la hauteur de Givonne, s'établit le 1ᵉʳ corps, de Ducrot. Le 7ᵉ corps, de Félix Douay, tenait le bois du plateau de la Garenne, du calvaire d'Illy au village de Floing. Quant aux débris du 5ᵉ corps, ils formaient la réserve auprès de l'enceinte de Sedan ; lorsqu'ils prirent position, ils étaient sous les ordres d'un vaillant officier de l'armée d'Afrique, le général Wimpffen, qui depuis la veille avait remplacé Failly.

Position étranglée, étriquée, où les troupes ne pouvaient ni manœuvrer ni se déployer ; loin d'être un champ de bataille, c'était à peine un mauvais campement, et un campement dangereux, car cette position, dominée de tous les côtés par une ceinture de hauteurs, était un véritable entonnoir.

Aussi bien, il n'était nullement dans les intentions de Mac-Mahon de se battre à Sedan ; il voulait seulement donner quelques heures de repos à ses troupes épuisées, puis les faire filer toutes ensemble sur Mézières par la rive droite de la Meuse ; de Mézières, il comptait gagner l'Oise et, par l'Oise, Paris.

L'extrême diligence des Allemands allait l'enserrer de toutes parts. Dès la soirée du 31, le cercle des ennemis était à peu près fermé autour de lui.

En aval de Sedan, la cavalerie du prince royal — une cavalerie qui marche, qui bat le pays et qui ne se sacrifie pas dans des chevauchées inutiles — s'était emparée du pont de Donchery. Quelques heures plus tôt, un détachement français était venu pour le détruire ; quand l'officier de ce détachement allait faire procéder à cette opération par ses sapeurs, on s'aperçut que le train qui l'avait amené était déjà reparti, en emportant la poudre et les outils. Ce n'est pas cependant avec les dix doigts de la main qu'on fait sauter un pont.

L'ennemi put donc occuper le pont de Donchery, demeuré intact, et il en construisit un autre en aval. Par ces deux passages, deux corps prussiens, le XIᵉ et le Vᵉ, filèrent vers le nord, jusque vers Vrigne-aux-Bois, puis vers l'est, par Saint-Albert. La route de Mézières était coupée.

En amont de Sedan, le Iᵉʳ corps bavarois du général Von der

Tann s'emparait du pont de Bazeilles, au moment où les Français s'apprêtaient à le détruire. Trop tard!

Ainsi, encore de ce côté, toute route de retraite dans la direction du sud était fermée.

Le IIe corps bavarois s'établit juste en face de Sedan, sur la rive gauche de la Meuse, au plateau de Frénois. Il allait cribler de projectiles la ville même, et ses obus, passant par-dessus les murs, allaient prendre à revers les troupes du 5e corps français.

Le roi Guillaume et son état-major étaient etablis près du village de Frénois. De cet observatoire, ils pouvaient embrasser tout le terrain, où Moltke allait faire, comme sur un échiquier, une application terrible de sa formule : marcher séparés, combattre unis.

Enfin, sur la rive droite de la Meuse, face au ruisseau de Givonne, du sud au nord, de la Meuse à la frontière belge, qui est là, à quelques kilomètres à peine, l'armée du prince royal de Saxe prit position. La cavalerie de la garde allait s'établir à son extrême droite. Tous les débouchés étaient fermés aux Français dans la direction de Metz.

Cent quarante mille Allemands se massaient ainsi autour de quatre-vingt-dix mille Français. Ils allaient les prendre comme dans une souricière sans issue ; avant même de se battre, les Français étaient vaincus.

La bataille se livra le 1er septembre.

Dès quatre heures du matin, dans le plus grand silence, les Bavarois viennent attaquer Bazeilles. L'infanterie de marine est là ; secondés par les habitants, les « marsouins » font la plus énergique résistance. Mais cette poignée de braves va succomber. Mac-Mahon se porte à leur secours, du côté de la Moncelle, auprès de Bazeilles. A ce moment, à six heures et demie du matin, il fut blessé, à la cuisse, d'un éclat d'obus, qui le mit hors de combat. Il désigna Ducrot, commandant du 1er corps, pour prendre le commandement en chef.

Ducrot, le chef énergique par excellence, Ducrot, qui devait montrer au cours du siège de Paris de réelles qualités d'homme de guerre, eut un moment d'émotion en apprenant la lourde responsabilité qui, tout à coup, lui incombait. Mais son parti fut pris immédiatement : c'était la retraite.

Ordre est transmis sur-le-champ à tous les corps de se concentrer sur le plateau d'Illy ; il s'agit de s'ouvrir la route de Mézières, en s'y ruant en masse. Pour lui, la route de Mézières, c'est l'unique chance de salut. Le mouvement commence. Il était alors environ huit heures.

Une heure plus tard, l'armée changeait encore de général. En vertu d'une lettre de service que lui avait donné le ministre Palikao pour remplacer le duc de Magenta en cas de malheur, — lettre de service qui s'expliquait par la campagne très brillante qu'il avait faite naguère dans le Sud-Oranais contre les Ouled-Sidi-Cheikh, — Wimpffen prit le commandement en chef. Alors, avec lui, plus de retraite : une bataille. « Il nous faut une victoire ! — Une victoire? répondit Ducrot, en reprenant le commandement du 1er corps ; nous serons trop heureux si nous avons une retraite. »

La bataille reprit donc, avec une ardeur sauvage. Elle était terrible du côté de Bazeilles. Une poignée de héros, sous les ordres du commandant Lambert, tint tête aux Bavarois jusqu'aux dernières limites de la résistance, jusqu'à la « dernière cartouche », suivant le nom de la petite maison qui est à l'entrée du village. A midi, tout Bazeilles était en feu. Devant ces deux bicoques, Bazeilles et Balan, les Allemands avaient perdu près de quatre mille hommes.

Autre part, leurs succès furent plus rapides. A l'est, les Saxons et la garde prussienne se rendaient maîtres de tous les passages du ruisseau de Givonne. Les Français reculent ; les malheureux se tassent les uns sur les autres.

A l'ouest, l'armée du prince royal de Prusse enlevait Floing au corps de Félix Douay. Le 7e corps recule ; les régiments français sont comme pris dans un étau. Le général de Galliffet lance à l'assaut ses trois régiments de chasseurs d'Afrique, pour faire une trouée du côté du nord ; les trois régiments se brisent sur les pentes du ravin d'Illy.

A midi, la situation est comme perdue. L'artillerie et la cavalerie des deux ailes font leur jonction au delà du calvaire d'Illy. Le cercle est fermé ; il va se rétrécir et tout broyer.

Au cours de la bataille, sur les points les plus menacés, on voyait passer et repasser, cloué sur son cheval par un effort suprême de volonté, l'empereur. Le malheureux, suivi de son cortège d'officiers et des cent-gardes, assistait à l'agonie de son armée, de sa dynastie, de son pays. Il allait sous une pluie de fer, cible vivante et bien en vue qui cherchait la mort. Et la mort ne voulut pas de lui...

Vers une l eure, le calvaire d'Illy tombe aux mains des Prussiens. Cent quarante-quatre pièces écrasent et pulvérisent le corps de Félix Douay ; en une demi-heure, toute l'artillerie du 7e corps est broyée. Sans appui, l'infanterie cède ; elle descend et roule vers Sedan.

Il est deux heures. Restait la cavalerie de réserve. Ducrot lui donne l'ordre de charger sur les hauteurs d'Illy et de Floing.

« Chasseurs d'Afrique, chasseurs à cheval, hussards, lanciers, cuirassiers se précipitent vers l'ouest. Margueritte les conduit ; il tombe blessé par une balle qui lui traverse les joues et lui coupe la langue ; mais il jette des cris rauques : « En avant ! » et de la main ordonne d'attaquer. « Vive Margueritte ! répondent les chasseurs d'Afrique. Vengeons-le ! » Galliffet prend le commandement. « Nous sommes désignés, dit-il à ses officiers, pour protéger l'armée et il est probable que nous ne nous reverrons pas ; je vous fais mes adieux (1). »

Le général Ducrot était accouru : « Allons, mon petit Galliffet, s'écrie-t-il, encore un effort... pour l'honneur des armes ! »

Le général de Galliffet, se faisant l'interprète de tous ces braves qui vont courir gaiement à la mort, répond simplement, en soulevant son képi étoilé : « Tant que vous voudrez, mon général, tant qu'il en restera un ! »

« Galliffet fond sur l'infanterie qui gravit les escarpements et atteint la crête du plateau. Plusieurs charges s'exécutent coup sur coup, et durant une demi-heure, au son des trompettes et au milieu du crépitement des balles qui frappent les sabres et les fusils ou qui pénètrent dans la chair des chevaux avec le bruit d'un fer rouge plongé dans l'eau, la cavalerie française s'élance, se replie, se rallie, repart avec le même enthousiasme et la même rage, et ne cesse de tourbillonner sur les pentes de Floing. Elle assaille des artilleurs qui se défendent avec le sabre ou l'écouvillon ; elle enfonce les lignes de tirailleurs ; elle renverse et culbute des pelotons, des compagnies. « Oh ! les braves gens ! » s'écriait le roi Guillaume, qui de Frénois assistait à l'action, et un autre témoin, un officier français, assure que le spectacle était émouvant, sublime, inoubliable. Mais partout l'infanterie prussienne profite des fossés, des haies et des moindres accidents du sol pour s'embusquer. Une fusillade continuelle refoule peu à peu tous les chocs

(1) Arthur CHUQUET, *la Guerre, 1870-71.*

de ces beaux régiments qui se sacrifient héroïquement à l'armée et laissent sur le terrain plus de la moitié de leur monde (1). »

C'était fini. Entre trois et cinq heures, toutes les troupes refluent sur Sedan. Mais Wimpffen ne désespérait pas.

Ayant réuni cinq à six mille hommes, il se porte derechef sur Bazeilles ; il veut s'ouvrir une issue dans la direction de Carignan et de Montmédy. L'empereur vient de lui envoyer l'ordre de demander un armistice ; il refuse d'obéir. Il se rue sur Balan ; avec une poignée de soldats, que son énergie indomptable électrise, il se fait une trouée jusqu'à Bazeilles ; mais là il se heurte à une batterie de soixante-dix-huit pièces, qui écrase sa troupe héroïque. Il se retourne ; il était comme seul. A cinq heures et demie il rentre à Sedan.

Depuis deux heures et demie, le drapeau blanc flottait, sur l'ordre de l'empereur, au donjon de la ville. A la fin de la journée, l'empereur fit porter au roi de Prusse la lettre suivante :

« Monsieur mon frère, n'ayant pu mourir au milieu de mes troupes, il ne me reste qu'à rendre mon épée entre les mains de Votre Majesté. Je suis de Votre Majesté le bon frère. — NAPOLÉON. »

C'est par cette lettre que les Allemands apprirent la présence de l'empereur à Sedan. La nouvelle circula comme une traînée de poudre. Des cris d'allégresse éclatèrent de toutes parts. Napoléon, l'empereur des Français, Napoléon, le neveu du vainqueur d'Iéna, était prisonnier.

L'infortuné Wimpffen passa la nuit, dans une maison de Donchery, à essayer de se débattre contre les conditions que Moltke exigeait.

« Mais, disait Wimpffen avec des frémissements dans la voix, tout n'est pas fini... Nous lutterons jusqu'au bout, avec l'énergie du désespoir. On ne sait pas ce qui peut arriver... Nous sortirons peut-être d'ici, après tout... »

La voix de Moltke reprenait, calme, froide, mortelle :

« C'est impossible. Vous n'avez pas d'issues. Toutes les sorties par lesquelles vous pourriez vous échapper sont gardées et défendues de telle sorte que vous n'avez aucun intérêt à vous obstiner dans une résistance qui serait déraisonnable. L'encerclement est complet. »

Ce n'était que trop vrai. Wimpffen était à la merci de l'ennemi : six

---

(1) Arthur CHUQUET, *la Guerre, 1870-71.*

cent quatre-vingt-dix canons étaient prêts à vomir la mort sur Sedan.

Le lendemain matin, 2 septembre, la capitulation fut signée. Elle livrait cinq cent cinquante-huit pièces de canon et quatre-vingt-trois mille hommes.

Pendant quatre jours, du 3 au 7 septembre, avant de partir pour les casemates des prisons allemandes, les troupes françaises furent parquées dans la presqu'île d'Iges. Ce fut pour elles le camp de la Misère. Elles y souffrirent, en effet, toutes les privations et toutes les souffrances physiques que des êtres humains peuvent souffrir ; mais qu'étaient ces douleurs au prix des tortures morales qui déchiraient les âmes des vaincus !

*
* *

Après la bataille de Saint-Privat, du 18 août, l'armée de Bazaine s'était repliée sous les murs de Metz. Pleine d'ardeur, très vaillante, elle ne parlait que de s'ouvrir à tout prix une route de sortie. Son chef parut lui donner satisfaction. Le 26, — à pareille date, l'armée de Mac-Mahon était entre Rethel et Vouziers, — l'armée fut informée qu'une sortie allait se faire le jour même, par la rive droite de la Moselle, à l'est de Metz, pour gagner ensuite Thionville au nord et de là Montmédy à l'ouest.

Le temps était affreux. Les troupes, qui étaient sous les armes, étaient transpercées par la pluie. Jusque vers trois heures, elles attendirent le bon vouloir du généralissime. Les ordres arrivèrent enfin ; mais c'était pour rentrer à Metz.

Au cours de ce simulacre de sortie, un conseil de guerre avait été tenu au château de Grimont. Bazaine avait ouvert l'avis qu'il valait mieux s'arrêter. Soleille, qui commandait l'artillerie, Coffinières de Nordeck, qui commandait le génie, invoquèrent le défaut d'approvisionnements militaires ; on ne pouvait, disaient-ils, dans ces conditions, exposer l'armée à la série des combats que supposait une marche de Metz à Montmédy par Thionville. Donc, il était plus sage d'attendre.

Bazaine n'avait pas dit au conseil qu'il avait reçu, le 23 août, une dépêche de Mac-Mahon ; son collègue l'informait de la marche en avant de l'armée de Châlons dans la direction de Montmédy. Ce silence fut un crime de plus. Si les chefs de corps avaient connu la nouvelle, ils n'auraient pas parlé de la crainte, d'ailleurs peu fondée, de manquer de munitions. Sans un moment d'hésitation, ils auraient dit qu'il fallait sortir.

La trouée du 26 fut ajournée. Le conseil de guerre comblait les vœux secrets du maréchal. L'armée restait sous Metz ; c'étaient les chefs de corps qui avaient eux-mêmes ouvert et adopté cet avis.

Cependant on finit par savoir que l'armée de Mac-Mahon s'avançait du côté de Metz. Il fallut paraître faire quelque chose.

Bazaine ordonna de reprendre le 31 le mouvement esquissé le 26. Ce fut le combat de Noisseville, le 31 août et le 1er septembre. Les troupes n'arrivèrent en position que vers la fin de la journée, à quatre heures du soir. Manteuffel, qui commandait sur la rive droite, eut tout le temps de se renforcer. Le 3e corps, de Lebœuf, fait une attaque vigoureuse sur Noisseville. Bazaine ne la soutient pas. La nuit venue, il donne l'ordre de garder les positions. Le lendemain, 1er septembre, le combat recommence. Vers midi, à l'heure même où l'armée de Wimpffen était écrasée à Sedan, l'ordre arrive de se replier sur Metz.

On reçoit coup sur coup à Metz la nouvelle du désastre de Sedan, de la révolution du 4 septembre. Il semblait qu'il n'y avait plus de gouvernement. La seule armée encore existante était l'armée de Metz. Bazaine se crut maître des événements.

Alors commença pour lui une période d'intrigues louches et obscures, encouragées par Frédéric-Charles, qui bloquait Metz, et par Bismarck, qui, de Versailles, surveillait et dirigeait tout. Le gouvernement prussien ne demandait qu'à endormir dans sa criminelle inconscience le général qui n'avait plus le sentiment de l'honneur. Les Prussiens laissèrent ainsi entrer à Metz un agent, du nom de Régnier, qui se prétendait envoyé par l'impératrice ; ils laissèrent sortir Bourbaki qui se rendait en mission auprès de l'impératrice, réfugiée en Angleterre ; ils laissèrent encore sortir le général Boyer, qui se rendit une première fois à Versailles et une seconde fois en Angleterre.

Ces allées et venues prirent des semaines. Gagner du temps, c'est tout ce que voulait Frédéric-Charles ; il attendait que l'armée de Metz fût vaincue par la faim. Comme on n'avait pas fait d'approvisionnements, on souffrit très vite du manque de pain et de viande.

Pour calmer les esprits, car l'effervescence devenait grande dans la population comme dans l'armée, le maréchal parla encore de tenter une sortie : velléité hypocrite, dont tout le résultat fut le petit combat de Bellevue ou de Ladouchamps.

Ce jour-là, 7 octobre, fut le dernier où l'armée se servit de ses fusils. Dès lors, pendant trois mortelles semaines, soldats et officiers assistèrent, la rage au cœur, à la décomposition de leur vaillante armée. Sans avoir pu combattre, elle mourait de la famine et du typhus ; sept mille deux cent trois Français moururent aux ambulances de Metz.

Les survivants s'enlisaient dans des flaques de boue dues à des pluies continuelles. Ce mois d'octobre fut atroce. On sentait venir la catastrophe ; on ne pouvait y croire. Comment admettre qu'on ne ferait rien pour sauver, avec l'honneur et les aigles, les derniers débris de l'armée ?

L'heure fatale approchait. Les circonstances trahirent le général qui avait trahi le pays en trahissant ses devoirs. Il avait voulu conserver à lui l'armée de la France pour s'en faire un instrument de dictature ; l'ennemi avait encouragé ses idées criminelles. Peu à peu il l'avait acculé à la capitulation la plus désastreuse.

Le 28 octobre, la capitulation fut signée. Le lendemain 29, les soldats de Frédéric-Guillaume plantaient le drapeau allemand sur les forts de Metz la Pucelle. La capitulation livrait à l'ennemi cent soixante-treize mille hommes et quatorze cents canons. Elle livrait aussi les aigles et les drapeaux, que Bazaine avait fait porter à l'arsenal, sous prétexte de les détruire. Quelques régiments avaient refusé d'obéir ; ils avaient brûlé ou déchiré eux-mêmes ces morceaux d'étoffe sainte, symboles du devoir, de l'honneur, de la patrie.

« Le train se remit en marche. Quelques minutes après, il stoppait encore.

« — Qu'y a-t-il ? demandait cette fois Du Breuil.

« Laune ne répondait pas ; son visage restait invisible, mais ses épaules tremblaient convulsivement.

« Charlys s'était précipité. Il poussa un cri farouche :

« — Oh ! nos drapeaux !

« Du Breuil, Jacquemère, Floppe, s'écrasèrent pour voir. Tout le long du train courait ce cri ardent et désespéré : « Nos drapeaux, « nos drapeaux !... » Devant la façade du château de Frescaty, une longue et large pelouse s'étendait jusqu'à la voie ferrée ; et là, sur deux rangs, dressant une avenue de gloire, tous les drapeaux étaient plantés. Un fantassin prussien, tranquillement, montait la garde.

« Les aigles au sommet des hampes ouvraient leur vol. Les haillons de soie glorieuse, où s'inscrivaient en flamboiements d'or les fastes des régiments, pendaient inertes. Quelques-uns, portant la croix à la cravate, semblaient plus fiers que d'autres. Dans les plis des trois couleurs resplendissaient le sang des morts et le ciel bleu de la patrie. L'âme de la Révolution, les triomphes des deux empires palpitaient dans ces loques sublimes.

« — Cinquante-trois aigles ! compta Charlys.

« — Non, dit Floppe. Quarante et une ! c'est le chiffre officiel.

« Charlys ricana :

« — Comptez vous-même ! Bazaine n'en est pas à douze drapeaux près ! il a fait bonne mesure !... à la pelle !... au tas !...

« Il se tordit les mains. Laune avalait ses larmes. Floppe grinça :

« — Ils sont plus forts que nous !... Cette cruauté de mise en scène, ce raffinement d'injure...

« Du Breuil releva la tête.

« Ces drapeaux, l'ennemi les avait-il conquis dans la bataille ? Non !... Bazaine, pour les livrer, avait dû faire assaut de ruse. Et ceux qui avaient échappé, brûlés ou lacérés, narguaient de leur absence l'humiliation des survivants !... Cette rangée d'aigles n'était que du matériel aveugle, insensible... Qu'importait aux vaincus ?... On pouvait de ces lambeaux profanés souffleter les généraux de l'exil ; on pouvait, sur les routes boueuses, semer nos soldats jusqu'au fond de l'Allemagne. Tous les Français qui étaient là avaient le droit de contempler face à face, haut les yeux, ces signes éclatants de l'impérissable honneur national. Qu'importaient l'écroulement de l'Empire, ces revers inouïs, Sedan, Metz, l'inconnu des malheurs à venir ! Un espoir redressait chacun : la fortune changerait, les pires catastrophes ont un lendemain ! La vision affreuse disparut...

« Dans ce creuset effroyable où le désastre avait entassé, avec les trophées de l'Empire, armes, sang, boue, les fortunes ruinées, les illusions détruites, tout le désespoir d'un peuple, l'avenir bouillonnait comme un métal en fusion. Une France nouvelle en jaillirait (1). »

(1) Paul et Victor MARGUERITTE, *le Désastre*. Paris, Plon, Nourrit et Cie, 1898. — Cité d'après les *Tableaux de l'Année tragique*.

Jugé en 1873 par le conseil de guerre qui siégeait à Trianon, Bazaine allégua pour sa défense qu'il n'y avait plus après le 4 septembre de gouvernement légal. Aux sophismes de l'accusé, le duc d'Aumale fit une réponse célèbre ; elle fit passer dans la France entière comme un frisson patriotique.

« M. le Maréchal. — Ma situation était, en quelque sorte, sans exemple. Je n'avais plus de gouvernement ; j'étais, pour ainsi dire, mon propre gouvernement à moi ; je n'étais plus dirigé par personne, je n'étais plus dirigé que par ma conscience.

« M. le Président. — Ces préoccupations de négociations, alors, étaient donc plus puissantes sur votre esprit que la stricte exécution de vos devoirs militaires ?

« M. le Maréchal. — Oui, j'admets parfaitement que ces devoirs soient stricts, quand il y a un gouvernement légal, quand on relève d'un pouvoir reconnu par le pays, mais non pas quand on est en face d'un gouvernement insurrectionnel. Je n'admets pas cela.

« M. le Président. — La France existait toujours (1) ! »

Après la capitulation de Metz, l'armée du prince Frédéric-Charles, immobilisée depuis deux mois et demi, recouvra la liberté de ses mouvements. Elle fut envoyée aussitôt avec Manteuffel sur la Somme, avec Frédéric-Charles sur la Loire, contre les troupes de Faidherbe et de Chanzy.

∗∗

Un mois avant Metz, Strasbourg avait succombé. La capitale de l'Alsace, la reine de l'Ill à la merveilleuse cathédrale, la citadelle qui, suivant la légende d'une médaille de Louis XIV, « fermait la France à l'Allemagne », avait été laissée dans le délabrement le plus complet. Le gouverneur de la place, le général Uhrich, dut tout improviser sur l'heure même. Car, dès le 9 août, trois jours seulement après Frœschwiller, les premières troupes allemandes arrivaient devant ses murs. Le 16, l'investissement était complet.

L'ordre de Moltke était de prendre la ville à tout prix. Le 23 août, pendant la nuit, les Allemands commencèrent leur œuvre épouvantable. Une pluie d'obus s'abattit sur la ville, semant la mort

---

(1) *Procès Bazaine*. Librairie du *Moniteur Universel*, 1873. — Cité d'après les *Tableaux de l'Année tragique*.

et l'incendie. La nuit du 24 fut la nuit terrible ; elle dépassa en horreur toutes les autres. On entendait des cris d'épouvante, répétés de quartier en quartier : « Au feu ! rue du Dôme ! — Au feu ! au Broglie ! — Au feu ! rue de la Nuée ! — Au feu ! place Kléber ! — Au feu ! place des Orphelins ! » La Bibliothèque, avec ses livres rares et ses manuscrits, fut brûlée ; aussi brûlée la toiture de la cathédrale gigantesque : le plus horrible incendie que l'on pût voir ; de la toiture de la cathédrale le cuivre en fusion coulait en nappes de feu. Au cours de ce siège épouvantable, plus de cent quatre-vingt-dix mille projectiles furent jetés sur la ville sans défense ; six cents maisons brûlèrent.

Toute la population fit preuve des plus ardents sentiments de patriotisme. Vaillante, elle endura pendant trente et un jours les plus cruelles souffrances. Mais la défense ne pouvait rien. Les ouvrages extérieurs de la place tombaient les uns après les autres aux mains de l'ennemi. Le 27 septembre, la brèche était ouverte au corps de place. La ville allait subir les horreurs d'une prise d'assaut.

Pour épargner ces cruautés suprêmes à une population si malheureuse, Uhrich fit arborer le drapeau blanc au sommet de la cathédrale. Le 28 septembre, à onze heures du matin, les débris de la garnison quittaient la ville. Les Strasbourgeois serraient les mains de leurs compagnons de souffrance, à présent prisonniers. « Au revoir ! leur disaient-ils, les larmes aux yeux. Au revoir ! Vous nous reviendrez. »

Toul avait déjà succombé cinq jours plus tôt, le 23 septembre, après avoir arrêté l'ennemi pendant quarante jours et subi un bombardement terrible. — Verdun fut couvert pendant trois jours d'une pluie d'obus ; en rendant la ville, le 3 novembre, le gouverneur obtint que le matériel de guerre fût restitué à la France après la paix. — Laon avait été occupé dès le 9 septembre. Au moment où les Allemands entraient dans la place, un garde du génie, fou de douleur, fit sauter la citadelle.

Il est inutile de poursuivre cette lugubre énumération. Tôt ou tard, toutes nos places de l'Est, abandonnées à elles-mêmes, devaient succomber. Une seule, cependant, n'arbora pas le drapeau blanc : Bitche, isolée au fond de la Lorraine, sur un rocher des Vosges. Son défenseur, le commandant Teyssier, est le dernier des Français qui aient posé les armes ; il ne le fit que sur l'ordre formel du gouvernement. Le 27 mars, il remit aux ennemis une place qu'ils n'avaient pu prendre. La défense héroïque de Bitche dura près de huit mois, exactement deux cent trente jours.

*
* *

Après Sedan, on peut dire que la France n'avait plus d'armée. Celle de Mac-Mahon avait été détruite ou prise ; celle de Bazaine était enfermée dans Metz et n'en devait sortir que prisonnière. La guerre paraissait donc finie. Cependant elle dura cinq mois encore, et jamais elle ne fut plus énergique, plus disputée, plus ardente.

Ce fut le mérite du gouvernement de la Défense nationale, qui s'était improvisé à Paris, avec les députés de la Seine, lors de la révolution du 4 septembre, quand le régime impérial avait succombé en quelques heures. Ce fut le mérite de l'un de ses membres, tribun à la parole ardente, le patriote et démocrate Léon Gambetta, qui, pendant quelques semaines, remplit la France de l'héroïque confiance dont il était inspiré, et qui la transforma en une citadelle mouvante. Ce fut le mérite des Français, de tout âge, de toute condition, gens du Nord, du Midi, de l'Ouest et du Centre, improvisés soldats.

Au moment où le siège de Paris allait commencer, — dès le 19 septembre, Paris fut séparé de la France, — le gouvernement de la Défense nationale avait envoyé à Tours une délégation pour organiser la défense en province. Elle se composa d'abord de trois membres : Crémieux, Glais-Bizoin, l'amiral Fourichon. Celui-ci, un soldat, montra beaucoup d'activité et d'énergie. Cependant la délégation de Tours semblait n'être venue que pour présider à la désorganisation générale.

A partir de la mi-octobre, les choses changèrent d'aspect. Gambetta, parti de Paris en ballon, le 8 octobre, venait d'arriver à Tours. Il prit aussitôt entre ses mains vigoureuses les deux ministères de l'intérieur et de la guerre. Il confia les détails de l'organisation matérielle des armées à un ingénieur des mines, M. de Freycinet. Tout ce qu'il fallut dépenser d'activité, d'énergie, d'intelligence, pour mettre sur pied des troupes nouvelles, les équiper, les vêtir, leur fournir armes et munitions : il serait difficile de l'expliquer en quelques mots.

Qu'on se rappelle au moins que si la France put encore donner un fusil à chacun de ses enfants, c'est qu'elle eut la liberté de la mer, et qu'elle put aller acheter à l'étranger, en Angleterre et aux États-Unis, les ressources suprêmes que le sol de la patrie ne pouvait plus fournir.

Qu'on retienne encore ce chiffre. En moins de quatre mois, Gambetta et ses collaborateurs mirent sur pied près de six cent mille hommes, cinq mille par jour! « Gambetta et ses armées » : c'est par ces mots que les Allemands résument la résistance de la province.

L'appareil était formidable. Beaucoup d'hommes, mais trop peu de soldats. Et cependant qui songerait à ménager sa reconnaissance à ces armées de la Loire, du Nord et de l'Est, à qui le succès a manqué? Qui songerait à ne pas imiter, s'il le fallait encore, leur héroïsme? Ces soldats sont morts, sans hésiter, pour l'honneur et pour la patrie, comme le dit la devise du drapeau, — la patrie et l'honneur, ces deux choses saintes, pour lesquelles la vie, quelque douloureuse parfois qu'elle puisse être, vaudra toujours la peine d'être vécue.

IV

LA GUERRE EN PROVINCE

Des différentes armées qui avaient commencé à s'organiser en province, — avec les débris des vieux régiments, les régiments de marche, les gardes mobiles, les francs-tireurs, — la plus dangereuse pour les Allemands, c'était l'armée qu'on allait appeler l'armée de la Loire ; car elle était la plus voisine de Paris, dont les Allemands avaient commencé le siège. Aussi l'état-major ennemi détacha de Versailles le général von der Tann pour aller occuper Orléans. Cette ville était alors le siège du 15e corps d'armée, qui venait d'être improvisé et que commandait le général de La Motte-Rouge.

Le 10 octobre, au nord d'Artenay, l'avant-garde de La Motte-Rouge essaya d'arrêter le corps de von der Tann. Les Français furent mis en déroute après un rapide combat. Le lendemain, 11 octobre, l'ennemi occupa Orléans, qui fut frappé d'une contribution de guerre écrasante de cinq millions. Vaincu et désorganisé pour avoir vu le feu pendant quelques heures, le pauvre 15e corps se replia en Sologne, à Salbris.

Von der Tann, resté à Orléans, envoya son lieutenant Wittich occuper Chartres ; c'était compléter à distance l'investissement de Paris. Au cours de cette marche des Allemands à travers la Beauce se place un des épisodes les plus glorieux et les plus dramatiques de la guerre, la défense désespérée, héroïque, de Châteaudun.

Ville ouverte, gardée par une poignée de gardes nationaux et par les francs-tireurs de Lipowski, — en tout douze cents hommes,

— la petite cité eut l'audace de se défendre. Vers midi, le 18 octobre, Wittich arriva avec douze mille hommes et trente pièces de canon. Il trouva les rues barricadées. A dix heures du soir seulement, il put déboucher sur la place principale, après avoir perdu deux mille hommes. Pour châtier la ville coupable, Wittich ordonne qu'elle soit brûlée. Le pétrole coule à flots : l'incendie commence.

« Les voilà à la besogne (1) ; les portes cèdent sous leurs coups, ils chassent les habitants à la baïonnette et incendient leurs maisons avec une infernale méthode qui éloigne l'excuse de ces emportements auxquels se livre d'ordinaire la passion. Ils vont priver de leurs dernières ressources des pauvres qui n'ont pris aucune part à la défense ; c'est égal, ils brûlent. On les supplie, on les conjure avec des larmes, on leur fait des promesses ; rien ne les émeut, ils brûlent. Des vieillards, des infirmes, des femmes, des enfants vont périr dans leurs lits ou dans leurs caves ; qu'importe? ils brûlent. Là où l'on a contenté leur voracité, ils brûlent. Le plaisir du manger tient une large place dans leur vie, mais pour eux une volupté plus grande, c'est le bruit des écroulements et la plainte des désespérés. Chose horrible, hideuse ! des généraux, des princes même, descendent, comme de vulgaires bandits, au rôle d'incendiaires ; le feu est une solennité qui complète leurs victoires. « Admirable « spectacle, s'écrient-ils, qu'une ville en flammes ! Il faut que ce soit « le sort de la France entière, que femmes, enfants, vieillards, tout « y passe. » Ces paroles ont été dites, messieurs, devant cent quatre-vingt-dix-sept maisons brûlées à la main, en réjouissance de la glorieuse journée où les vainqueurs étaient dix contre un. Après l'incendie, le pillage ; après le pillage, l'assassinat ; pour couronner tout cela, l'orgie ! Elle dure deux jours entiers ; après quoi les Barbares s'éclipsent sous le coup d'une alerte. »

Le gouvernement de la Défense nationale déclara solennellement que Châteaudun avait bien mérité de la patrie. La croix de la Légion d'honneur fut mise dans les armes de la ville. Chaque année, le 18 octobre, une foule pieuse se réunit au cimetière de Châteaudun, pour honorer l'admirable exemple donné par la petite ville.

Retiré en Sologne, à Salbris, le 15e corps s'était reconstitué avec un nouveau général, de caractère énergique, rappelé du cadre de

(1) Le R. P. MONSABRÉ, *Une Ville héroïque*, discours prononcé à Châteaudun le 18 octobre 1872. — Cité d'après les *Tableaux de l'Année tragique*.

réserve, d'Aurelle de Paladines. « Je suis parfaitement décidé, disait-il dans son premier ordre du jour, à faire fusiller le soldat qui hésitera devant l'ennemi. » En même temps un autre corps, le 16e, se constituait à Blois, avec un général, que ses campagnes d'Algérie avaient mis en évidence, Chanzy ; au début de la guerre, il était général de brigade commandant la subdivision de Sidi-bel-Abbès et de Tlemcen. Le gouvernement de la Défense nationale venait de le nommer général de division et chef de corps.

La réunion de ces deux corps fut appelée armée de la Loire ; il fut décidé qu'ils seraient employés à la reprise d'Orléans. La majeure partie devait se concentrer à Blois, pour se porter dans la direction d'Orléans par la rive droite de la Loire ; une division, sous les ordres de Martin des Pallières, partie de Gien, devait couper la retraite à l'ennemi. Les Français allaient donc prendre l'offensive, pour la première fois depuis le début de la campagne. Ce fut leur première victoire ; ce fut, hélas ! la seule de ces six mois de guerre.

Le transport du 15e corps de Salbris à Blois, la marche de toute l'armée de Blois vers Orléans, ne se firent pas sans donner l'éveil à l'ennemi, qui eut le temps d'évacuer Orléans ; les journaux français avaient toutes les peines à garder le secret d'une opération. Cependant le 9 novembre, à Coulmiers, non loin de ces champs de bataille immortalisés par Jeanne d'Arc, les soixante-cinq mille hommes de l'armée de la Loire arrivaient en présence des vingt-deux mille Bavarois de von der Tann. Débordé sur ses deux ailes, l'ennemi ne put qu'abandonner ses positions. Il recula sur Artenay, en renonçant tout à fait à garder les bords de la Loire. Sa dérobade fut si rapide que Martin des Pallières, qui descendait la Loire par la rive droite, en venant de Gien, ne put atteindre ni les vaincus de Coulmiers, ni même les convois sortis d'Orléans.

La journée de Coulmiers n'avait donné aux Français que le champ de bataille ; l'armée ennemie n'avait été ni prise ni détruite. Néanmoins, c'était une victoire. L'armée de la Loire avait bravement reçu le baptême du feu ; elle avait un chef ; maîtresse d'Orléans, il semblait qu'elle fût capable de s'ouvrir la route de Paris. Pour la première fois, le ciel si sombre de la France fut traversé par une lueur d'espoir.

Trois corps nouveaux vinrent renforcer l'armée de la Loire : le 20e, du général Crouzat ; le 18e, du général Billot ; le 17e, du général Sonis. Seul, le 20ᵉ était organisé ; les deux autres n'étaient qu'un ramassis de troupes mal équipées, mal armées, d'une frêle consistance. Du moins l'armée de Sonis comptait un corps énergique, la légion des volontaires de l'Ouest ; il est plus connu sous le nom de zouaves pontificaux, parce qu'il fut formé avec un noyau de cette ancienne troupe. Sous les ordres du colonel de Charette, leur ancien commandant à Rome, les zouaves pontificaux acquirent une juste réputation de bravoure.

Sonis fut placé à gauche, au nord-ouest d'Orléans ; Billot et Crouzat furent placés à droite, du côté de Gien.

Le dessein de d'Aurelle de Paladines était d'entraîner toutes ces forces par des exercices répétés dans le camp retranché d'Orléans, comme il avait formé le 15ᵉ corps à Salbris, et de ne les conduire au feu que lorsqu'il les sentirait bien en main, parties homogènes et solides d'un organisme unique. La Délégation, qui était à Tours, ne comprenait pas ces retards ; elle était prête à accuser d'Aurelle de Paladines de ne pas profiter de l'élan provoqué par la journée de Coulmiers. Sans tenir compte de ses raisons de chef de corps, trop fondées, le gouvernement lui envoya l'ordre d'agir tout de suite, c'est-à-dire de marcher dans la direction du nord.

Il obéit. L'armée de la Loire allait se heurter à la IIᵉ armée allemande, l'armée du prince Frédéric-Charles, qui venait d'accourir de Metz, à marches forcées, depuis la capitulation du 28 octobre ; elle allait se heurter aussi à l'armée du grand-duc de Mecklembourg, détachée du siège de Paris.

Une jeune fille de dix-neuf ans, Mlle Juliette Dodu, était alors chargée du service des dépêches télégraphiques au bureau de poste de Pithiviers, dans cette ville occupée par les Allemands ; elle avait trouvé le moyen d'intercepter la correspondance de l'ennemi en installant à la fenêtre de sa chambre un dérivatif sur le fil électrique. Sa pieuse fraude rendit à l'armée de la Loire d'inappréciables services. Les Allemands finirent par le savoir. Mlle Juliette Dodu, jugée par un conseil de guerre, fut condamnée à mort ; Frédéric-Charles s'honora en accordant la grâce de la vie à cette jeune fille admirable. Mlle Juliette Dodu, décorée plus tard de la médaille militaire et de la croix de la Légion d'honneur (1), restera au premier rang de ces femmes héroïques qui sont l'honneur et la parure de notre pays.

(1) Elle est morte en octobre 1909.

***

Du 28 novembre au 4 décembre, pendant six jours continus, les environs d'Orléans, au nord-est, au nord et au nord-ouest de la ville, furent le théâtre de combats furieux, mais d'actions décousues. L'armée de la Loire engagea d'abord sa droite, puis sa gauche ; tout le résultat, c'est qu'elle se fit battre et disloquer. Que de pages douloureuses et dramatiques à ce moment de notre histoire, dans cette triste semaine, la semaine de l'anniversaire d'Austerlitz !

Le 28 novembre, combat de Beaune-la-Rolande. Crouzat, avec le 20e corps et une partie du 18e (Billot), attaque Beaune-la-Rolande, où s'étaient retranchés les Allemands. Son attaque fut conduite avec une extrême vigueur ; il ne put toutefois enlever la ville, mais il resta en face des ennemis.

On apprit alors que l'armée de Paris, conduite par Ducrot, dirigeait une grande sortie de la capitale dans la direction de Fontainebleau ; il fallait opérer la jonction de l'armée de la Loire et de l'armée de Paris. M. de Freycinet prescrivit ou mieux imposa, malgré les répugnances des généraux qui connaissaient la fragilité de la plupart de leurs troupes, une offensive générale. L'entreprise ne pouvait réussir. L'armée se disséminait sur un front de près de vingt lieues, depuis la forêt de Marchenoir, à gauche, où était Sonis, jusqu'aux environs de Montargis, à droite, où étaient Crouzat et Billot.

Le mouvement commença le 1er décembre. Le temps était affreux ; un vent glacial balayait les plaines de la Beauce, couvertes de neige. Les hommes qui s'oubliaient à dormir au bivouac avaient les pieds gelés sous la tente.

Le 1er décembre, Chanzy, avec le 16e corps, attaque Villepion ; l'un de ses officiers, l'amiral Jauréguiberry, qui commandait la 1re division du 16e corps, en chasse l'ennemi. On crut à un grand succès, à une nouvelle journée de Coulmiers.

Mais le lendemain, 2 décembre, le grand-duc de Mecklembourg entrait en ligne avec toutes ses forces. La bataille recommença, entre Loigny, Terminiers et Pourpry. Une partie des troupes de Chanzy venaient de prendre le village de Loigny. Alors Chanzy appela à son aide Sonis et le 17e corps, qui était un peu en arrière.

Sonis arrive à Villepion. Il envoie sur Loigny une brigade de deux régiments de marche. L'un des deux régiments lâche pied.

D'un bond de son cheval, Sonis se porte au-devant d'eux ; il ordonne, il crie, il fait frapper les fuyards à coups de plat de sabre. Rien n'y fit ; impossible de les ramener au combat.

« Là-dessus, raconte Sonis (1), je partis et je m'élançai au galop sur ma réserve d'artillerie, où j'avais placé mes zouaves, mon bataillon sacré. Je criai à Charette : « Mon ami, amenez-moi un « de vos bataillons. » Il en avait deux. Puis, m'adressant aux zouaves : « Il y a là-bas des lâches qui refusent de marcher. Ils « vont perdre l'armée. A vous de les ramener au feu. En avant, « suivez-moi ! Montrons-leur ce que valent des hommes de cœur « et des chrétiens. »

« Un cri d'honneur s'échappa de ces nobles poitrines. Ces braves enfants se précipitèrent vers moi ; tous voulaient courir à la mort. J'en pris trois cents, le reste devant rester à la garde de l'artillerie. Le bataillon partit, accompagné par les francs-tireurs de Tours et de Blidah, les mobiles des Côtes-du-Nord, et précédé par une ligne de tirailleurs. C'était en tout huit cents hommes.

« Il était quatre heures et demie. Le jour tombait. Je dis au colonel de Charette : « Voici le moment de déployer la bannière « du Sacré-Cœur. » Elle se déploya, on la voyait de partout. C'était électrisant. Nous marchâmes ainsi d'un pas assuré, bien convaincus que nous remplissions un grand devoir. J'avais toujours l'espoir que la 3ᵉ division arriverait enfin et appuierait mon mouvement. Je ne doutais pas non plus que cette poignée de braves ne ramenât au feu les troupes qui battaient en retraite. Arrivé à la hauteur du 51ᵉ : « Soldats ! dis-je à ces hommes, voilà le drapeau « de l'honneur, suivez-le, en avant ! » Mais rien, rien. Secouant mon képi de la main gauche, et brandissant mon épée de la main droite, je leur criais : « N'avez-vous plus de cœur ? Marchez ! » Ils ne marchèrent pas.

« Et nos zouaves avançaient toujours. J'avais à ma droite le colonel de Charette, à ma gauche le commandant de Troussures. Ce dernier se jetant à mon cou : « Mon général, me dit-il, que vous « êtes bon de nous mener à pareille fête ! » Noble cœur ! Ce devait être sa dernière parole. »

Sonis et ses zouaves enlèvent la ferme de Villours. Ils arrivent à deux ou trois cents mètres du village de Loigny, à un bouquet d'arbres, qu'on appela depuis le bois des zouaves ; devant chaque

(1) Cité d'après les *Tableaux de l'Année tragique*.

arbre se dressent aujourd'hui des croix funéraires. Il est impossible à ces braves d'aller plus loin. Une grêle épouvantable d'obus les arrête et les écrase. Le bataillon sacré est détruit. Sonis, la cuisse fracassée, est jeté à terre. Seul, abandonné au milieu des morts et des mourants couchés à ses côtés, en face du village où l'incendie faisait rage, Sonis passa sur le champ de bataille une nuit entière.

Écoutons-le raconter ces heures d'agonie (1) :

« J'étais là, seul, immobile, étendu sur la terre et la neige. Autour de moi gisaient de nobles victimes qui n'avaient point marchandé leur vie, mais qui l'avaient libéralement donnée pour la grande cause de la patrie et de l'honneur.

« L'armée prussienne ne tarda pas à passer sur nos corps, en un ordre parfait.

« En arrivant à la hauteur des morts et des blessés, les soldats allemands s'arrêtaient et enlevaient les armes qui pouvaient avoir quelque valeur. C'est ainsi qu'un soldat se précipita sur moi, et, me tournant et retournant avec brutalité, déboucla mon ceinturon et enleva mon épée et mon pistolet.

« D'autres compagnies passèrent successivement, m'infligeant le spectacle de l'enivrement de leur victoire.

« Enfin, je vis un de ces soldats que sa place dans le rang avait conduit en face du zouave dont j'ai parlé et qui était couché à quelques pas de moi, remuer du pied cet infortuné et lui écraser la tête d'un coup de crosse.

« Je crus que le même sort m'attendait, et je remis mon âme à Dieu. Je le crus surtout lorsque, dans cette troupe marchant en ligne, je vis arriver directement vers moi un autre soldat qui devait me passer sur le corps. Mais celui-là, au contraire, était le bon Samaritain. Cet homme, arrivé à moi, s'arrêta, me prit la main, et, la serrant avec une indéfinissable expression de bonté, il me dit : « Camarade ! » C'était sans doute le seul mot de français qu'il sût, mais il y mit tout son cœur. Se penchant vers moi, ce généreux soldat inclina sa gourde et versa dans ma bouche quelques gouttes d'eau-de-vie. J'étais à jeun depuis vingt-quatre heures.

« Après le passage des troupes prussiennes, des médecins et des infirmiers allemands vinrent visiter le champ de bataille. Je vis d'abord briller dans le lointain les énormes lanternes rouges sphé-

---

(1) Cité d'après les *Tableaux de l'Année tragique*.

riques qui leur servaient à rechercher les blessés. Ils relevèrent plusieurs des leurs, mais aucune offre de secours ne me fut faite et je ne voulus rien demander à l'ennemi. J'ai su plus tard que quelques-uns des nôtres avaient été recueillis par les Prussiens et conduits dans une grange du village de Loigny.

« Bientôt le silence se fit autour de moi, silence troublé par la voix des mourants, appelant en vain au secours. Jamais je n'oublierai ces cris déchirants « : Docteur! Docteur! l'ambulance! « l'ambulance! » Hélas! il n'y avait dans ce champ de carnage ni docteur ni ambulance.

« La nuit vint augmenter les douleurs de notre agonie, et nous fûmes bientôt entourés par un grand cercle de feux. Les Prussiens incendiaient les hameaux des environs ; et celui de Loigny, situé à deux cents mètres de moi, paraissait déjà un vaste brasier. A la lueur de l'incendie, je pouvais distinguer les silhouettes des soldats allemands se chauffant autour des maisons qui brûlaient, et le bruit de leurs conversations et de leurs rires arrivait jusqu'à moi.

« Vers neuf heures, j'entendis sur ma droite, en avant de Terminiers, un cri prolongé, semblable à celui que l'on entend sur la mer, lorsqu'on veut héler un bâtiment. J'eus tout de suite la pensée que quelqu'un de charitable venait à notre secours. Je ne m'étais pas trompé ; je rassemblai toutes mes forces et je criai : « Au « secours! » mais la voix s'éloignait. J'essayai alors de me traîner sur la terre dans la direction de la voix que j'avais entendue. Ce fut en vain : j'étais incapable de tout mouvement.

« J'abandonnai tout espoir de salut et je me résignai à mon sort. Lorsque MM. Bruyère et de Harscouët m'avaient quitté, ils avaient emporté les derniers adieux que j'adressais à ma famille. La pensée des douleurs que ma mort allait leur causer vint navrer mon âme de tristesse ; mais je fus tiré de mon abattement par la contemplation de l'image de Notre-Dame de Lourdes ; elle ne me quitta plus.

« Je perdais cependant beaucoup de sang. Ma jambe était brisée en vingt-cinq morceaux, comme on l'a vu depuis.

« Vers onze heures du soir, la neige commença à tomber à gros flocons. Peu à peu, les cris cessèrent ; les moribonds rendaient l'âme, le froid engourdissait tout ; il se fit un silence de mort. La neige couvrait tout de son immense linceul. Au sein de ce calme profond, je vis deux formes humaines se traîner vers moi. C'étaient deux jeunes zouaves pontificaux, tous deux enfants du peuple, car l'un était attaché au service du curé de Saint-Brieuc, et l'autre était un ouvrier cordonnier parisien. Le premier s'appelait Auger, le second Delaporte. Ces deux jeunes blessés, qu'une foi commune avait placés au milieu de la meilleure noblesse de France, étaient de fervents chrétiens, et ils venaient me demander de leur parler de Dieu. Je les entretins de la mort avec cette liberté que donne la foi dans l'immortalité. Nous étions sur le seuil de ces espérances éternelles qui forment comme le prix de ce grand combat qu'on appelle la vie ; et sur ce seuil, l'Église a placé Marie, afin d'inspirer confiance à ceux qui doivent le franchir. La Vierge immaculée fut donc l'objet de mon entretien avec ces deux jeunes gens...

« Un autre jeune zouave, qui m'avait vu, se traîna sur la neige et vint se placer près de moi, en appuyant sa tête sur mon épaule gauche. Il y mourut peu après.

« La neige tombait toujours ; mon sang coulait, mais sans souffrance ; encore une fois, je ne perdis pas connaissance un seul instant. Je me représentais toujours Notre-Dame de Lourdes, et je ne cessais de sentir une paix, une consolation intérieure ineffable. Je ne recommençai à souffrir que lorsque les hommes s'occupèrent de moi...

« Il était dix heures du matin, lorsque d'autres voix retentirent, mais celles-là très distinctement et tout près de moi. J'agitai mon bras droit, le seul qui fût libre ; je criai de toutes mes forces, à plusieurs reprises. Enfin l'abbé Batard, aumônier des mobiles de la Mayenne, aperçut mon geste et vint de mon côté. »

Transporté au presbytère de Loigny, Sonis y fut amputé d'une jambe. Depuis 1887 l'ancien commandant du 17e corps repose dans l'église de Loigny, au-dessous du maître autel. Le visiteur n'entre pas aujourd'hui sans une émotion profonde dans l'église de ce petit village beauceron, que son curé, un vieux prêtre décoré de la Légion d'honneur, a fait reconstruire avec l'argent d'une souscription nationale ; il ne visite pas sans une émotion profonde l'ossuaire qui occupe une partie de la crypte et le tombeau sur lequel Sonis a fait inscrire ces simples mots, qui le peignent tout entier : *Miles Christi*, Soldat du Christ.

Après la défaite de Loigny-Pourpry, la retraite de l'armée de la Loire, épuisée par ces combats d'usure, était inévitable. Les deux armées allemandes de Frédéric-Charles et du grand-duc de Mecklembourg, qui avaient réussi du côté de l'ouest leur action débordante, constituaient à présent la masse de rupture ; en un bloc, elles se portèrent sur Orléans.

Vainement, les 3 et 4 décembre, au nord d'Orléans, à Chevilly et à Cercottes, au milieu d'ouragans de neige, d'Aurelle de Paladines et Martin des Pallières firent tout pour conjurer le désastre. Pris de panique, ou à bout de forces, nos soldats lâchaient pied. Le 4 décembre au soir, les Français évacuaient Orléans. Le lendemain, les Prussiens rentraient dans la ville ; ils devaient l'occuper jusqu'à la fin de la guerre.

Un général vaincu devient très vite un général incapable, même quand on lui a imposé un plan de guerre, malgré les objections qu'il a pu faire. La Délégation de Tours rejeta sur d'Aurelle de Paladines la responsabilité du désastre ; il fut destitué et remplacé par Bourbaki.

A peu près toute l'armée de la Loire avait été rejetée au sud, dans la direction de Vierzon et de Bourges ; la malheureuse armée n'était pas au terme de ses souffrances, elle était réservée à de plus grands maux encore.

**

Il ne restait sur la rive droite de la Loire que le 16e et le 17e corps, qui, sous les ordres de Chanzy, s'étaient repliés sur Beaugency. Avec un corps nouveau, le 21e, de l'amiral Jaurès, ils formèrent une armée indépendante, qu'on appela la seconde armée de la Loire ou l'armée de Chanzy.

Chanzy, c'est le général calme et résolu entre tous, dont Gambetta disait qu'il était « le véritable homme de guerre révélé par les événements ». Ce qui fait la grandeur de l'homme, c'est le caractère. « C'est l'âme, comme on l'a dit, qui gagne et qui perd les batailles. » En Chanzy, le caractère fut digne de cette tragédie épouvantable.

Le 5 décembre, quand il reçut le commandement suprême de cette armée nouvelle, les circonstances étaient vraiment désespérées. Animé d'une confiance inébranlable, il sut enflammer de sa patriotique ardeur les troupes misérables et mourantes qu'il avait recueillies ; il galvanisa ce cadavre qu'on appelait son armée. Tout en reculant des plaines de la Beauce aux confins de la Bretagne, il ne cessa pendant plus de six semaines de se battre, en disputant le terrain pied à pied. Il avait trouvé des lieutenants dignes de lui, notamment en la personne de l'amiral Jauréguiberry, promu commandant en chef du 16ᵉ corps. Ce fut « la retraite infernale » ; elle l'a immortalisé.

Le quartier général de Chanzy fut d'abord à Josnes, auprès de Beaugency (1). Des combats, en avant de Josnes, du 7 au 10 décembre, l'obligèrent à abandonner les bords de la Loire. Il se porta sur les bords du Loir et s'y arrêta pendant quelques jours. Le 14 et le 15 décembre, à Fréteval et à Vendôme, il faisait tête vigoureusement à l'ennemi.

Son plan était de se concentrer sur le Mans, d'y réorganiser son armée avec les renforts venus du camp de Conlie, aux environs du Mans, et de reprendre l'offensive pour se porter, par un grand détour, dans la direction de Paris. Mais tout en se concentrant peu à peu sur le Mans, il gardait le contact avec l'ennemi ; les environs de Vendôme et de Saint-Calais furent le théâtre de combats continuels.

A Saint-Calais, les Allemands avaient commis des actes de brutalité sur une population sans défense. Le général Chanzy adressa au commandant prussien à Vendôme une protestation indignée (2).

« J'apprends que des violences inqualifiables ont été exercées par des troupes sous vos ordres sur la population inoffensive de Saint-Calais, malgré ses bons traitements pour vos malades et vos blessés.

« Vos officiers ont exigé de l'argent et autorisé le pillage : c'est un abus de la force qui pèsera sur vos consciences, et que le patriotisme de nos populations saura supporter. Mais ce que je ne puis admettre, c'est que vous ajoutiez à cela l'injure, alors que vous savez qu'elle est gratuite...

« Nous lutterons à outrance, sans trêve ni merci, parce qu'il s'agit aujourd'hui de combattre, non plus des ennemis loyaux, mais des hordes de dévastateurs qui ne veulent que la ruine et la honte d'une nation qui prétend conserver son honneur, son indépendance et son rang.

« A la générosité avec laquelle nous traitons vos blessés et vos prisonniers, vous répondez par l'insolence, l'incendie et le pillage.

« Je proteste avec indignation au nom de l'humanité et du droit des gens que vous foulez aux pieds. »

(1) Le général Chanzy avait dans son état-major comme capitaine au titre auxiliaire le jeune duc de Chartres, sous le nom de Robert le Fort.
(2) Cité d'après les *Tableaux de l'Année tragique*.

Au commencement de janvier, les Allemands furent convaincus qu'il n'y avait plus d'offensive à redouter. Alors ils se portèrent en masse contre la seconde armée de la Loire. Frédéric-Charles et le grand-duc de Mecklembourg réunirent contre elle plus de cent quatre-vingt mille soldats. Les corps prussiens se mirent à marcher concentriquement sur l'Huisne, qui conduit au Mans. Le 7 janvier, Nogent-le-Rotrou tomba entre leurs mains. Trois jours après, ils étaient arrivés aux portes du Mans.

Là, le 11 et le 12 janvier (1871), à l'est du Mans, fut livrée une des plus violentes batailles de la guerre. Le plateau d'Auvours, qui formait la position maîtresse, avait été repris et gardé, à la suite d'une charge vigoureuse des volontaires de l'Ouest, que commandait un marin, le capitaine de vaisseau Gougeard, mais, dans la nuit du 11 au 12, un corps de mobilisés bretons, pris de panique, lâcha pied. L'armée française fut entamée. Alors, le 12, Chanzy ordonna la retraite. La bataille se prolongea jusqu'à la nuit dans les rues de la ville.

Le Mans était perdu. Chanzy, toujours dans une fière contenance, se porta sur la Mayenne. Tandis que les Prussiens occupaient Alençon, le 16 janvier, lui-même s'établissait à Laval. Il se battait encore aux portes de cette ville, à Saint-Mélaine, le 18 janvier. Il était prêt à se retirer en Bretagne, comme dans la dernière citadelle de la France. Ce fut seulement l'armistice du 28 janvier qui fit poser les armes à ce soldat indomptable.

L'homme que l'on regardait dans les années qui suivirent la guerre comme le général de la revanche, mourut en 1883, quatre jours après Gambetta. Sa statue s'élève à Nouart, la petite ville des Ardennes où il naquit. Il est représenté debout, le bras tendu vers l'est. Le socle porte ces mots, qui sont de lui : « Que les généraux qui veulent le bâton de maréchal de France aillent le chercher au delà du Rhin. »

*
* *

Non moins énergique fut la résistance de l'armée du Nord. Organisée en partie avec des soldats qui s'étaient échappés de Sedan et de Metz, elle fut conduite au feu pour la première fois par le général Farre.

Le 27 novembre, à Villers-Bretonneux, au sud-est d'Amiens, Farre essaya de protéger cette ville contre les troupes allemandes qui arrivaient de Metz par Compiègne. La bataille de Villers-Bretonneux, bien que perdue, fit grand honneur à nos jeunes troupes. Les Prussiens entrèrent à Amiens le 28 novembre, le jour de la bataille de Beaune-la-Rolande.

Dans ces circonstances critiques le général Faidherbe, ancien gouverneur du Sénégal, prit le commandement de l'armée du Nord. Il s'établit à Ham et arriva aux portes d'Amiens.

Manteuffel accourut de Rouen; il était entré dans cette ville le 5 décembre, ce fut le point le plus occidental occupé par l'ennemi sur les bords de la Seine. Un peu au nord-est d'Amiens, à Pont-Noyelles, le 23 décembre, Manteuffel se heurta à la résistance terrible de Faidherbe. Les Français avaient tenu bon ; mais leur général comprit qu'il devait replier sa petite armée vers les places du nord. Il le fit en bon ordre. Les Prussiens le suivirent.

Faidherbe reprit l'offensive pour secourir Péronne. Ce fut la bataille de Bapaume, du 3 janvier. Comme à Pont-Noyelles, les Français gardèrent leurs positions ; mais leur faiblesse numérique ne leur permit pas de profiter de ce succès. Faidherbe se replia du côté de l'est. Péronne capitula le 10 janvier.

Une fois de plus, Faidherbe reprend l'offensive et se porte sur Saint-Quentin, comme pour s'ouvrir une route sur Paris. Dans cette situation bizarre où les Français tournaient le dos à la Belgique et les Allemands à Paris, fut livrée la bataille du 19 janvier. Faidherbe avait tenu bon toute la journée. Le lendemain, il donna l'ordre de la retraite. En bon ordre, il se retira sur Cambrai avec son artillerie intacte.

L'armistice seul du 28 janvier mit fin à sa campagne. C'est l'énergie avant tout qui fait les grands militaires, ou mieux qui fait les hommes ; à ce titre, Chanzy et Faidherbe auront toujours droit à notre reconnaissance et à notre admiration.

*
* *

Du côté de l'est, au moment de la perte de l'Alsace, des corps francs s'étaient organisés pour défendre les passages des Vosges ; une affaire très honorable fut la défense de Rambervillers, le 9 octobre. La perte d'Épinal, le 12 octobre, obligea la petite armée des Vosges, l'armée du général Cambriels, à se retirer au sud, dans la direction de la Saône et du Doubs. Dans ce mouvement de retraite, les Français conservèrent Besançon ; mais ils durent abandonner Dijon. Cette ville fut prise le 30 octobre.

Pour défendre la Bourgogne et le Morvan, il y avait deux petites armées. Le général Cremer, qui avait remplacé le général Cambriels, était établi dans la vallée de la Saône. Garibaldi, qui, à défaut du gouvernement de Victor-Emmanuel, s'était souvenu de 1859, était établi à Autun avec son corps franc. Un heureux coup de main des garibaldiens à Châtillon-sur-Seine, le 16 novembre, leur succès à la défense d'Autun, le 1er décembre, firent illusion, pendant quelque temps, sur la valeur de ces bandes ; en fait, elles étaient trop indisciplinées et trop incohérentes pour pouvoir rendre service.

Werder, le général qui avait pris Strasbourg, occupait à présent Dijon ; une de ses divisions avait commencé le 3 novembre le siège de Belfort. Cette place était défendue par le colonel du génie Denfert-Rochereau. Sa résistance énergique, qui est une des plus belles pages de la guerre, se prolongea jusqu'au 16 février. Quand Belfort ouvrit ses portes sur l'ordre du gouvernement de la Défense nationale, la ville avait supporté cent trois jours de siège, dont soixante-treize de bombardement.

Pour nettoyer les approches de Dijon, Werder fit une pointe du côté du sud. A Nuits, le 18 décembre, il se heurta à la résistance énergique de Cremer. Les Français se retirèrent sur Beaune sans se laisser entamer. Les Allemands regagnèrent Dijon dans un grand désarroi.

Il fallait venir au secours de la petite armée de la Saône et surtout au secours de Belfort. Le gouvernement de la Défense nationale résolut de transporter en Bourgogne la première armée de la Loire. Il s'agissait de ces malheureux débris de l'armée de d'Aurelle de Paladines, qui, après le 4 décembre, s'étaient retirés sur Bourges, en proie à la désorganisation la plus profonde. On leur donna le nom d'armée de l'Est ; Bourbaki, qui se trouvait à Londres lors de la capitulation de Metz, en reçut le commandement.

Le plan que Bourbaki avait à exécuter était de l'offensive la plus audacieuse, quand les moyens d'exécution, — armes, magasins, et surtout moyens de transport, — faisaient à peu près complètement défaut. Il fallut près de trois semaines pour transporter les troupes, par chemin de fer, de Nevers aux environs de Besançon.

Le 5 janvier seulement, Bourbaki put se mettre en marche dans la direction de Belfort. Le froid très rigoureux rendait les marches très pénibles. Il fallait cependant se hâter. On annonçait la concentration vers Châtillon-sur-Seine d'une nouvelle armée allemande, dite armée du Sud, que commandait Manteuffel.

Le 9 janvier, Bourbaki, qui avait remonté la vallée de l'Ognon, livrait le combat de Villersexel. Après une lutte acharnée, cette localité resta entre ses mains. Villersexel n'est qu'à une trentaine de kilomètres de Belfort. Les Français de Bourbaki allaient-ils enfin tendre la main, par-dessus l'armée de Werder, aux Français de Denfert-Rochereau? Que d'émotion en France à ce petit succès! L'homme qui se noie se raccroche, comme il peut, à la plus petite branche.

Bourbaki ne s'avançait qu'avec une extrême lenteur. Le 14 janvier au soir, il arrivait sur la rive droite de la Lisaine, petite rivière qui coule du nord au sud, à l'ouest de Belfort. Werder avait établi son armée sur la rive gauche, dans des retranchements formidables, à Chenebier au nord, à Héricourt au centre, à Montbéliard au sud.

Là, fut livrée une bataille furieuse de trois jours, le 15, le 16, le 17 janvier. Il semblait qu'on touchât au but. Belfort et l'armée de Bourbaki n'étaient séparés que par dix kilomètres à peine. Quelles alternatives d'espérances et de craintes agitèrent pendant ces trois jours les défenseurs de Belfort! De la citadelle, de la Miotte, des forts de la place, ils voyaient luire les éclairs de la bataille. Le canon faisait rage. Le troisième jour, ils ne virent plus rien ; ils n'entendirent plus rien.

L'armée de l'Est n'avait pas pu passer. Seul, Cremer était parvenu à un avantage ; il s'était emparé du village de Chenebier. C'était le point faible de l'armée allemande, par où il semblait qu'on eût pu la tourner. Mais il fut impossible d'appuyer ce succès. A Héricourt, au château de Montbéliard, partout autre part, les attaques avaient échoué. Le 28 au matin, Bourbaki ordonna la retraite sur Besançon.

Les Français auraient-ils le temps et les moyens de se dérober? L'armée de Werder les talonnait sans répit ; elle ne laissait pas un moment de repos à Cremer, qui couvrait la retraite avec beaucoup d'énergie. Un danger plus grand allait fondre du côté de l'ouest, avec l'armée de Manteuffel. Arrivée par le plateau de Langres, elle avait d'abord marché droit dans la direction de

Belfort ; puis, à la nouvelle de la retraite de Bourbaki, elle s'était portée au sud à marches forcées, pour lui couper brusquement le chemin du salut.

De la part des garibaldiens, l'armée de l'Est n'avait aucun secours à attendre. Ils avaient bien battu une division de Manteuffel, le 21 et le 23 janvier, aux portes de Dijon ; mais ils étaient immobilisés dans cette ville même (1).

L'armée de l'Est allait-elle trouver un refuge dans Besançon? En voyant arriver cette multitude affamée et qu'il ne pouvait nourrir, le gouverneur tint fermées les portes de la ville, pour n'y point laisser entrer les Allemands derrière les Français.

Alors, la fin de janvier vit la débâcle de l'armée de l'Est, de cette armée vaincue, épuisée, mourant de froid. Il n'y a pas d'épisode plus navrant, dans toute la guerre franco-allemande, que le tableau de cette cohue de malheureux qui fuient devant les deux armées de Werder et de Manteuffel.

Bourbaki s'engage à travers les plateaux du Jura ; il avait indiqué à ses colonnes Pontarlier comme point de ralliement. Accablé de douleur, fou de désespoir, il essaya de se donner la mort. Il n'y avait plus personne pour conduire le pauvre troupeau meurtri et dispersé. Dans cette situation atroce, le général Clinchant prit le commandement, le 27 janvier.

L'armée de l'Est put croire à un moment qu'elle était arrivée au bout de ses tortures. L'armistice avait été signé. L'ordre arriva en effet de Bordeaux le 29 janvier, au cours d'un combat livré à Chaffois, de suspendre les hostilités. Manteuffel s'y opposa ; car le texte de l'armistice ne comprenait pas la région où l'armée de l'Est achevait de périr, et Manteuffel disait vrai.

Alors l'agonie recommença. Que devenir? Manteuffel avait eu

---

(1) A la même date, le 22 janvier, un drame épouvantable se passait au petit village de Fontenoy-sur-Moselle, entre Toul et Frouard. Environ quatre cents soldats français, de l'armée de Langres, apparurent à l'improviste vers cinq heures du matin, tuèrent une sentinelle, firent neuf prisonniers et firent sauter deux arches du pont de Fontenoy : la grande ligne de l'Est était coupée. Le jour même, des troupes allemandes, venues de Toul et de Nancy, emmenèrent par force, avec des brutalités sans nom, tous les habitants de Fontenoy, bien qu'ils ne fussent nullement complices d'un acte commis par des troupes qui avaient agi dans la plénitude des droits de la guerre. De Versailles arriva l'ordre de tout brûler. De cinquante-cinq maisons, cinq seulement, outre l'église, furent épargnées.

le temps de barrer toutes les routes de l'ouest et du sud, bien qu'un corps de dix mille hommes ait pu s'échapper avec Cremer dans la direction de Gex. Werder, de son côté, barrait toutes les routes du nord.

La Suisse était le refuge de la malheureuse armée.

Le 31 janvier, à quatre heures du matin, aux Verrières, petit village suisse situé à quelques kilomètres à l'est de Pontarlier, une convention fut signée entre le gouvernement helvétique et le général Clinchant pour l'internement de l'armée française. Alors toute l'armée, qui comprenait encore quatre-vingt-dix mille hommes et trois cents canons, se précipita sur cette terre de délivrance et de repos. Plus d'un soldat français, mort d'épuisement dans les jours qui suivirent, repose dans les cimetières suisses de Sainte-Croix, de Neuchâtel, de la Chaux-de-Fonds, ou d'autres localités du Jura.

Le 1er février, à la Cluse, au pied du fort de Joux, là où s'élève aujourd'hui un monument funéraire, une arrière-garde d'infanterie commandée par le général Pallu de La Barrière se sacrifia pour assurer le salut de l'armée et de ses derniers canons. L'affaire de la Cluse fut le combat suprême de cette guerre maudite.

« Qu'on se figure, a dit un témoin (1), une masse débandée s'engouffrant dans tous les passages praticables, non seulement aux Verrières, mais à Jougne, aux Fourgs, aux Brenets, dans toutes les vallées du Jura... Tous ces régiments disloqués, débandés, n'ayant plus ni drapeau, ni chef, couraient au hasard et apparaissaient tout à coup par troupeaux de dix mille, de vingt mille hommes dans telle petite ville, Orbe, par exemple, qui ne les attendait pas. Les chevaux d'abord faisaient peine à voir : exténués, traînant le pied, allongeant le cou, tête pendante, glissant à chaque pas, affamés, on les voyait ronger l'écorce des arbres, les cordes, les barrières, les roues des canons, les flasques des affûts entamés à trois pouces de profondeur, ou encore ils s'arrachaient l'un à l'autre avec les dents les crins de leurs queues et les dévoraient ; quantité de chariots étaient restés plusieurs jours attelés, et les Prussiens avaient pris tout le fourrage. Aux descentes, ces malheureuses bêtes s'affaissaient sous leurs cavaliers ou devant les fourgons ; les canons qui roulaient sur elles, les traînaient ainsi

---

(1) Marc MONNIER, *la Suisse pendant la guerre de 1870*. (*Revue des Deux Mondes*, 1er mai 1871.) — Cité d'après les *Tableaux de l'Année tragique*.

jusqu'en bas : on les prenait alors, et on les jetait sur le bord du chemin, où elles périssaient abandonnées...

« Les officiers ne commandaient plus, et marchaient en sabots, en pantoufles, au milieu des soldats sans chaussures qui déchiraient des pans d'habit pour emmailloter leurs pieds gelés, et cette neige implacable, qui était tombée sur eux tout l'hiver, s'amassait maintenant sous leurs pieds, en poussière glacée où ils s'enfonçaient jusqu'aux genoux. Ils se traînaient ainsi confondus, dragons, lanciers, spahis, turcos et zouaves, mobiles et francs-tireurs, grands manteaux rouges ou blancs, cabans marrons, pantalons garance, vareuses bleues, toutes les coiffures du monde, depuis le fez arabe jusqu'au béret béarnais, tous les dialectes, les accents de France, depuis le vieil idiome de l'Armorique jusqu'aux cris stridents de l'Atlas et du désert : un tumulte de langues, de couleurs et surtout de misères, car cette multitude en fuite, exténuée par un ou deux jours de jeûne, venait de bivouaquer plusieurs nuits dans la neige par quinze degrés de froid. Les traînards surtout serraient le cœur ; ces pauvres mobiles tout jeunes, des enfants trop frêles pour porter le fusil et jetés tout à coup en un pareil hiver dans les montagnes ! Hélas ! on sait leur histoire : ils suivent pendant quelques jours leurs compagnies ; mais bientôt, ralentissant le pas, ils restent en arrière, les autres vont toujours, les colonnes s'allongent : comment rejoindre sa place et gagner l'étape où l'on dînera? Les pieds enflés refusent le service, et les régiments passent fatalement l'un après l'autre, l'armée entière s'éloigne à perte de vue, les derniers hommes qui la suivent ont disparu derrière le coteau. Que faire? On s'arrête sans courage et sans force, on s'assied, on appelle tant qu'on peut crier, le vent seul répond en chassant des tourbillons de neige ; puis viennent les Prussiens, puis les vautours.

« Nous avons vu entrer en Suisse les adolescents qui sortaient de ces épreuves ; ils vivaient encore, mais décharnés, tremblant de fièvre, les yeux enfoncés et ternes ; ils marchaient encore d'un mouvement machinal, sans savoir où ils allaient ; ils regardaient, mais sans voir ; ils se laissaient abattre par l'ennemi, qui de loin, par derrière, jusqu'à la dernière heure, sans un éclair de pitié, tirait sur eux ; les obus partant de batteries invisibles passaient par-dessus la montagne et venaient éclater sur la route. Ainsi défilait cette lugubre procession de corps inertes avec la stupeur et l'égoïsme du désespoir, abandonnant leurs morts, leurs mourants, s'abandonnant eux-mêmes, refusant parfois la vie que vous veniez leur rendre, vous disant quand vous leur tendiez une gourde : « Laissez-moi tranquille ! — Mais que voulez-vous donc? — Je « veux mourir ! »

V

LE SIÈGE DE PARIS

Depuis la bataille de Sedan, toute la guerre se concentra dans une opération, le siège de Paris. Prendre Paris, la capitale et le cœur de la France, délivrer Paris : ce fut l'enjeu suprême des deux partis. L'histoire des opérations de d'Aurelle de Paladines, Chanzy, de Faidherbe, forme autant d'épisodes du siège même de Paris.

Des préparatifs de défense de la capitale avaient été faits par le ministère Palikao, dès le milieu du mois d'août. Une grande difficulté à résoudre était la question des subsistances pour une population aussi nombreuse ; on fit entrer les plus grands approvisionnements en vivres que l'on put. Paris put ainsi se suffire pendant quatre mois. Quand Paris n'eut plus rien à manger, Paris capitula.

La capitale avait une enceinte et des forts détachés, qui avaient été construits en vertu de la loi de 1840. On les arma à la hâte avec de grosses pièces de canon qu'on prit dans les arsenaux de la marine. Le ministre de la marine, Rigault de Genouilly, fit venir aussi environ vingt-cinq mille matelots pour le service de ces pièces. Les marins du siège de Paris eurent une discipline excellente ; ce furent des troupes modèles, qui servirent dans les forts ou dans les camps comme elles auraient servi à bord des vaisseaux. Mais quelle inintelligence stratégique d'envoyer des marins se battre au fort de Montrouge ou au Bourget, quand leur véritable place de combat eût été aux embouchures de l'Elbe ou du Weser !

Le 17 août, le ministère Palikao avait nommé gouverneur de

Paris le général Trochu ; celui-ci devint, après le 4 septembre, président du gouvernement de la Défense nationale. Excellent chef d'état-major, colonel à trente-huit ans, général de division à quarante-quatre, l'auteur de *l'Armée française* (1) était un écrivain militaire justement réputé ; l'indépendance même de ses jugements l'avait fait mettre par le gouvernement impérial dans une sorte de demi-disgrâce. Malheureusement, l'homme d'action n'égalait pas en lui l'écrivain ; se regardant un peu comme un « Lamartine en uniforme », le général « Trop lu » lança proclamations sur proclamations ; il avait oublié l'énergique devise de Hoche : *Res, non verba*. Le sentiment du devoir ne lui manqua certes pas dans son rôle de gouverneur de Paris ; mais il n'avait pas confiance, ni dans certains de ses instruments militaires comme la garde nationale, ni dans le but suprême, la délivrance de la capitale. Alors, irrésolu, découragé, il se borna tout le temps à une défensive triste, inerte, passive, sans jamais songer à prendre le rôle d'assaillant, si ce n'est quand la pression de l'opinion publique lui imposa des opérations de sorties. Il parlait toujours de son fameux « plan », qu'il n'exécuta jamais. On peut se demander si un homme de guerre se trouva jamais en présence d'une tâche aussi lourde que celle qui pesa sur ses épaules. Du moins, il semble que la responsabilité de la défense d'une ville comme Paris, de laquelle dépendait le sort de la France, ait paralysé dans ce général, d'une valeur morale et militaire incontestables, l'esprit d'initiative et la volonté.

L'armée active, réunie dans Paris, était forte de soixante-quinze mille à quatre-vingt mille hommes. Elle comprenait deux corps : le 13e et le 14e. Le 14e, commandé par le général Renault, était en formation au début du siège. Quant au 13e, commandé par le général Vinoy, il s'était trouvé à Mézières lors de la bataille de Sedan ; son chef avait pu le soustraire, par une retraite heureuse, à la poursuite des Allemands ; il avait été de retour à Paris le 7 septembre. Ce fut de beaucoup la partie la plus solide des troupes du siège, notamment la brigade des 35e et 42e régiments d'infanterie, qui venaient d'être rappelés de Rome.

Ces deux corps étaient sous les ordres de Ducrot. *Ecce homo:* Commandant du 1er corps à Sedan, mené en captivité en Allemagne, Ducrot s'était échappé à la gare de Pont-à-Mousson. Pour

(1) Livre paru en 1867.

les Allemands, « il est de tous les généraux français celui qui a le plus fait pour la défense de son pays ». Chef d'une extrême énergie, admirable entraîneur d'hommes, ayant un vrai tempérament de soldat, il se souciait peu de faire sa cour aux clubs et aux journaux. Malgré ses échecs, il fut l'homme de guerre du siège de Paris. S'il avait eu la direction générale de la défense, elle aurait pris un tout autre caractère. Mais il a dit lui-même avec vérité et sans amertume : « Je n'ai jamais été écouté dans mes avis ni laissé libre dans mes mouvements. »

En dehors de ces troupes régulières, le reste de l'armée de Paris n'était qu'un ramassis confus.

C'était la garde nationale mobile et la garde nationale sédentaire.

La garde nationale mobile — cent quinze mille hommes — se composait de deux éléments : les mobiles de la Seine, indisciplinés, pillards ; les mobiles des départements, sans instruction militaire, mais d'un meilleur esprit.

La garde nationale sédentaire finit par comprendre une cohue de trois cent quarante-quatre mille hommes, avec beaucoup d'éléments impurs. Au mois de novembre, on organisa, avec cette garde nationale, des bataillons de marche. Suivant les bataillons et suivant les chefs, qui étaient nommés à l'élection, l'esprit fut bon ou détestable. Des éléments révolutionnaires de cette garde nationale devait sortir l'armée de la Commune.

Il faut encore citer quelques corps francs, pour la plupart peu utiles, à l'exception des francs-tireurs de la Presse, qui firent preuve de réelles qualités.

En somme, il y avait dans Paris une masse énorme de cinq cent mille combattants, masse incohérente, décousue, et dans laquelle il aurait fallu avant tout trier les éléments utiles. Pour organiser la défense, il aurait fallu commencer par organiser l'armée. Trochu n'y songea pas ou y songea trop tard.

*
* *

Dès le 16 septembre, onze jours seulement après Sedan, les premières troupes allemandes arrivèrent devant Paris.

L'armée du prince royal de Saxe, venue par Laon, Soissons, Compiègne, Pontoise, franchit la Seine en aval, vers Poissy ; elle s'établit au nord et à l'ouest de la capitale.

L'armée du prince royal de Prusse, venue par Reims, Épernay, Château-Thierry, franchit la Seine en amont, vers Villeneuve-Saint-Georges, Juvisy, Corbeil ; elle s'établit au sud de Paris.

Le 7 octobre, le roi Guillaume et le grand quartier général s'installèrent à Versailles.

Au début de novembre, après la capitulation de Metz, la ligne d'investissement fut occupée par deux cent cinquante mille hommes et sept cents canons.

**

Au début même du siège, il y eut un essai de négociations. Ce fut l'entrevue de Ferrières, du 19 septembre, entre Jules Favre, vice-président du gouvernement, et Bismarck. La Prusse n'avait-elle pas dit qu'elle faisait la guerre à l'empereur et non à la France ?

Dans une circulaire aux cabinets étrangers, Jules Favre avait déjà fait la déclaration fameuse que la France ne céderait « ni un pouce de son territoire ni une pierre de ses forteresses ». A Ferrières, il répéta à peu près ces paroles au chancelier ; il lui dit, les larmes dans la voix, que la France était décidée à refuser tout démembrement d'elle-même, mais qu'elle se résignerait à payer une indemnité pécuniaire. La réponse de Bismarck, précise, coupante comme la lame de l'épée, fut la cession immédiate, en guise de préliminaires, de la majeure partie de l'Alsace et de la Lorraine.

« Jamais mieux qu'en ce dialogue, a dit Albert Sorel (1), on ne put mesurer la distance qui sépare le politique de l'orateur. M. Jules Favre était, dans le sens le plus large du mot, ce qu'on appelait, il y a cent ans, « un homme sensible ». Justement parce qu'il n'avait ni l'arrogance, ni le fanatisme d'un jacobin, il se rattachait par une descendance plus légitime à la lignée de Rousseau. Il lui manquait toutes les qualités du diplomate. Il ne possédait ni les connaissances pratiques, ni la fécondité de ressources, ni surtout le sang-froid qui font les négociateurs. Il était ému, il s'efforçait d'émouvoir : il en appelait à l'humanité, à la conscience, à la sympathie de son adversaire. Celui-ci était connu par son goût pour les réalités et par le tour positif de son caractère : il ne cherchait pas à toucher son interlocuteur, mais à deviner ses faiblesses

---

(1) *Histoire diplomatique de la guerre franco-allemande.* Cité d'après les *Tableaux de l'Année tragique.*

et à en profiter ; à des considérations tirées du sentiment, il opposait la raison d'État. M. de Bismarck et M. Jules Favre suivirent constamment deux lignes parallèles : ils marchaient de front sans se rencontrer. »

**

Le jour même de la vaine entrevue de Ferrières, le 19 septembre, à Châtillon se livrait le premier combat du siège.

Pour conserver les hauteurs de Châtillon et de Meudon, qui n'étaient pas fortifiées à cette époque, Ducrot attaqua les colonnes allemandes pendant leur marche de Choisy-le-Roi à Versailles. Du plateau de Châtillon, il pouvait couper l'armée ennemie. Mais de honteuses défaillances se produisirent parmi ses troupes. Un régiment de zouaves, qui n'avait des zouaves que le nom et l'uniforme, se débanda dans le bois de Meudon, et rentra à Paris dans le plus grand désordre. Clamart, Bagneux furent évacués à la fin de cette journée malheureuse, qui pesa d'un poids très lourd sur le moral des troupes et de la population.

Les Allemands occupèrent aussitôt les hauteurs de Châtillon, Clamart, Meudon, d'où ils dominaient les forts de Montrouge, Vanves et Issy.

A partir du 20 septembre, l'investissement fut complet : de Saint-Germain à Choisy le-Roi, l'armée du prince royal ; entre la Seine et la Marne, la division wurtembergeoise ; entre la Marne et le Bourget, la division saxonne et la Garde ; du Bourget à Saint-Germain, l'armée du prince royal de Saxe.

Toutes les relations furent dès lors interrompues entre Paris et la France. Les seules communications se firent par les airs. Soixante-cinq ballons partirent de Paris ; les pigeons voyageurs qu'ils emmenaient rapportaient des nouvelles.

**

Après l'affaire de Châtillon, on avait cru à un assaut immédiat de Paris, et l'on ne voit pas ce qui aurait pu empêcher l'ennemi d'entrer dans la ville à la suite des fuyards. Mais pas plus à ce moment que plus tard, il ne songea à pénétrer dans Paris par force ou par ruse. Alors on reprit confiance. Trochu décida de réoccuper quelques-uns des points abandonnés. Mais tout cela décousu, par à-coups, comme au hasard, sans plan d'ensemble ni idées maîtresses.

Le combat de Villejuif, du 23 septembre, nous rendit les deux redoutes des Hautes-Bruyères et de Moulin Saquet. Cette occupation protégeait contre un bombardement Bicêtre, Ivry, Bercy et la partie sud-est de Paris.

Le 10 septembre, une sortie plus importante se fit dans la direction de Choisy-le-Roi. Le 13e corps s'élança sur Thiais, Chevilly, l'Haÿ. A Chevilly, le général Guilhem fut tué de dix balles dans la poitrine. Les régiments fléchirent. Après nous avoir coûté deux mille hommes, l'attaque échoua.

Le 13 octobre, Vinoy conduisit encore le 13e corps à l'assaut de Bagneux et de Châtillon. Bagneux fut pris par les mobiles de la Côte-d'Or et de l'Aube. Le capitaine Jean Casimir-Perier, des mobiles de l'Aube, qui fut plus tard président de la République, se signala par sa bravoure. Il arracha aux ennemis le comte de Dampierre, chef du bataillon de l'Aube, mortellement blessé, et il chassa de Bagneux les Bavarois. Il fut cependant impossible de gagner les hauteurs de Châtillon. A la fin de la journée, Vinoy reçut de Trochu l'ordre d'évacuer même Bagneux.

La journée du 13 octobre, dite du combat de Bagneux, fut une journée énergique, sans résultat.

Même caractère au combat de la Malmaison, le 21 octobre. Les troupes, que commandait Ducrot, s'honorèrent par l'attaque la plus vigoureuse, notamment les zouaves qui lavèrent la tache du 19 septembre. La Malmaison et Buzenval furent enlevés ; il y eut une terrible fusillade dans les bois de Saint-Cucufa. Mais l'ennemi amena des forces supérieures. Devant ses retours offensifs, il fallut battre en retraite. Triste dénouement, toujours le même.

Le combat du Bourget, du 28 au 30 octobre, fut plus important.

Les francs-tireurs de la Presse surprirent, le 28 octobre au matin, une compagnie de la garde royale prussienne et enlevèrent le Bourget. Trochu déclara que cette position était en pointe, qu'il était inutile de la garder ; on ne fit donc rien pour la défendre. Mais le 30 octobre, au matin, deux régiments de la garde, protégés par une forte artillerie, pénétrèrent dans le Bourget. Ce village n'était gardé que par dix-neuf cents hommes, abandonnés à eux-mêmes, sans chefs ni artillerie. Leur résistance fut héroïque.

La rue centrale, l'église, les maisons se hérissèrent de barricades ; douze cents Français, parmi lesquels le commandant Banoche, se firent tuer dans ce terrible combat de rues. Le Bourget ressemblait à un charnier.

Que de sang versé sans résultat et au hasard des sorties partielles, qu'on improvisait de droite et de gauche, tantôt sur Bagneux, tantôt sur la Malmaison, tantôt sur le Bourget !

Paris était en proie à l'amer désappointement de ces échecs répétés, quand une nouvelle affreuse circula : Metz s'était rendu. La douleur patriotique des Parisiens fut exploitée par les révolutionnaires.

Le 31 octobre, huit mille gardes nationaux, conduits par Flourens, s'emparèrent de l'Hôtel de Ville et y retinrent prisonniers les membres du gouvernement, Trochu, Jules Favre, Jules Simon, Garnier-Pagès, Jules Ferry. Des décrets furent rédigés sur l'heure par Blanqui pour organiser une Commune. A la fin de la journée, un bataillon de gardes nationaux fidèles fit les insurgés prisonniers à leur tour. Puis émeutiers et membres du gouvernement sortirent pêle-mêle de l'Hôtel de Ville. Pas un coup de fusil ne fut tiré. Mais le triste symptôme que cette journée du 31 octobre ! Ce fut comme la première mobilisation des forces de la Commune.

Le gouvernement essaya de consolider sa situation, en provoquant le 3 novembre un plébiscite. Il eut pour lui cinq cent cinquante-neuf mille votes contre soixante-deux mille. En dépit de cette majorité si forte, il se borna à casser quelques commandants de bataillons. Le palliatif était insuffisant. Paris aurait eu besoin d'un chirurgien énergique, prêt à porter le fer dans les parties malades.

Vers la même époque, on parlait d'un armistice. Thiers venait de terminer le douloureux voyage qu'il avait entrepris à travers l'Europe, en vue de provoquer une médiation étrangère. A Londres, à Vienne, à Saint-Pétersbourg, à Florence, partout il avait rencontré le même accueil courtois et sympathique, mais partout aussi la même abstention de parti pris. Cependant l'Angleterre avait prié la Prusse de conclure un armistice pour permettre l'élection d'une Assemblée nationale. Thiers eut à cet effet une entrevue à Versailles avec Bismarck. Celui-ci consentit à l'armistice, mais à la condition qu'un fort de Paris fût remis aux Prussiens et que Paris ne fût pas ravitaillé pendant la suspension des hostilités. Thiers, découragé, vint apporter ces conditions à Jules

Favre et à Ducrot, le 5 novembre, dans une maison en ruines, près du pont de Sèvres. Thiers disait que la paix immédiate était nécessaire ; Favre s'y résignait aussi, tout en ajoutant que Paris n'accepterait jamais la cession de Strasbourg et de Metz. Mais Ducrot coupa court aux pourparlers. La France ne pouvait capituler encore.

« Nous avons des vivres, s'écriait le général (1), nous avons des armes, des munitions, des troupes qui s'aguerrissent chaque jour ; nous devons défendre Paris aussi longtemps que possible pour donner au pays le temps de former de nouvelles armées ; la résistance de Paris rachètera la honte de Metz et de Sedan ; si les ruines matérielles s'augmentent, les ruines morales diminueront. — Vous parlez en soldat, dit Thiers, et non en politique. — Je parle en politique, repartit Ducrot. Une grande nation comme la France se relève toujours de ses ruines matérielles ; jamais elle ne se relèvera de ses ruines morales. Notre génération souffrira, mais la suivante bénéficiera de l'honneur que nous aurons sauvé. »

**

On allait donc continuer à se battre, ou plutôt on allait commencer à le faire d'une manière sérieuse.

En vue d'une offensive énergique, on répartit en trois grandes armées les forces de Paris.

La 1re armée, composée de deux cent soixante-six bataillons de garde nationale, fut placée sous les ordres du général Clément Thomas ; il devait être, avec le général Leconte, la première victime de la Commune.

La 2e armée, forte de cent mille hommes et plus particulièrement destinée aux sorties, fut l'armée de Ducrot. Elle comprenait trois corps, Blanchard, Renault, d'Exéa.

La 3e armée, de soixante-dix mille hommes, fut commandée par Vinoy.

Enfin, une division de trente mille hommes, composée surtout de marins, fut placée à Saint-Denis sous les ordres du vice-amiral La Roncière le Noury.

De grands préparatifs furent faits pour une sortie dans la direc-

---

(1) Arthur CHUQUET, *la Guerre*, 1870-71.

tion du nord-ouest, vers Argenteuil ; il s'agissait de gagner la basse Seine par Pontoise et par Rouen. Ce plan, très étudié, avait l'avantage d'attaquer l'ennemi à un endroit où ses lignes d'investissement étaient peu solides.

Sur ces entrefaites, on apprit, le 14 novembre, la victoire de Coulmiers. Des dépêches de Gambetta disaient qu'aux premiers jours de décembre l'armée de la Loire serait dans la forêt de Fontainebleau. Il fallait aller au-devant de l'armée de secours. Le plan fut ainsi changé du tout au tout. On décida que la sortie s'effectuerait par le front sud. Il s'agissait de passer la Marne entre Bry et Joinville.

C'était la grande trouée du siège. Si elle manquait, les Parisiens seraient définitivement emmurés dans Paris. Jusques à quand pourraient-ils y tenir? Dès le 22 novembre, il n'y avait plus de parc à bestiaux ; on n'avait plus d'autre viande que la viande de cheval, rationnée à trente grammes, comme le pain était rationné à trois cents grammes. On appelait pain de la farine de blé non blutée, mêlée à du seigle, de l'orge ou du riz.

Le 28 novembre, Ducrot publia la fameuse proclamation que la sottise devait tant railler depuis, mais qui provoqua alors un véritable enthousiasme : « Je ne rentrerai que mort ou victorieux. Vous pourrez me voir tomber. Vous ne me verrez pas reculer, Alors ne vous arrêtez pas ; mais vengez-moi ! »

L'opération avait été indiquée pour le 29 novembre. Mais il fallait commencer par rétablir les ponts qui avaient été détruits ; ils ne purent être terminés pour le 29. On décida alors de retarder l'affaire d'un jour.

Le 29, on fit du moins les diversions convenues. L'amiral Saisset s'empara du plateau d'Avron, sur la rive droite de la Marne, au nord de Bry ; le colonel Stoffel y établit de puissants ouvrages d'artillerie.

Au sud, Vinoy prit l'offensive en enlevant la Gare-aux-Bœufs, en avant de Choisy-le-Roi.

Ces mouvements, et le combat de Beaune-la-Rolande, qui est de la veille, 28 novembre, firent présager à l'ennemi une tentative de sortie du côté du sud-est. Une division saxonne vint renforcer la division wurtembergeoise qui gardait le pays entre la Marne et la Seine.

***

Le 30 novembre enfin, l'opération projetée commença.

On l'appuya encore par des diversions : au sud, sur Montmesly, un peu au sud de Créteil ; au nord, sur Épinay-sur-Seine. La nouvelle de l'occupation d'Épinay amena par contre-coup le reprise de l'offensive de l'armée de la Loire. Une proclamation, du 1er décembre, apprit, en effet, à l'armée de d'Aurelle de Paladines que les Parisiens occupaient Épinay ; par suite, ils s'approchaient de Longjumeau. Or l'auteur de la proclamation avait confondu Épinay-sur-Seine et Épinay-sur-Orge, l'un auprès d'Enghien, l'autre auprès de Juvisy.

Franchissant la Marne sous la protection des batteries établies à Avron au nord, au bois de Vincennes au centre, à Saint-Maur au sud, l'armée de Ducrot devait enlever les coteaux de Villiers et de Cœuilly : le 1er corps (Blanchard), à droite, par une attaque de front sur Cœuilly, — le 2e corps (Renault), à gauche, par une attaque de front sur Villiers, — le 3e corps (d'Exéa), plus à gauche, par une attaque à revers, venue de Neuilly-sur-Marne et de Noisy-le-Grand.

L'attaque fut très vigoureuse, mais décousue et par suite impuissante. Ce fut la première journée de la bataille dite de Champigny, le 30 novembre.

A droite, le 1er corps occupa Champigny et monta au parc de Cœuilly. Arrivé devant le parc, il en trouva les murs fortifiés et crénelés. Trois assauts furieux furent sans résultat. Pris à revers par des régiments venus de Chennevières, le 1er corps dut se replier sur Champigny.

A gauche, le 2e corps, de Renault, eut le même sort. Arrivés sous la voûte du chemin de fer de Mulhouse, les soldats sont arrêtés par une barricade formidable. Ducrot se met à leur tête ; la barricade est enlevée. Ils gravissent alors le plateau de Villiers. Au sommet, le feu terrible des Wurtembergeois et des Saxons les arrête. Ducrot charge lui-même en tête ; il brise son épée dans le corps d'un ennemi. La fusillade fait rage. A un moment, notre gauche manque d'être tournée par Bry. Le général Renault est tué. Tous les assauts sont infructueux.

Cependant le 3e corps, de d'Exéa, faisait une suite de fausses manœuvres. Au lieu de tourner par Noisy-le-Grand l'imprenable

Villiers, il ne franchissait la Marne que vers trois heures. Se portant sur Bry, il tentait l'assaut du parc de Villiers.

Vainement Ducrot, qui, dans cette journée du 30 novembre, fut partout, au four à chaux de Champigny, à Villiers et à Bry, essaya de recommencer l'assaut avec le 2e corps épuisé. Il conduisit ses régiments jusqu'à cent mètres du parc. Puis il fallut rétrograder. La journée coûtait aux Français quatre mille hommes. Pour prix d'efforts excessifs, ils n'avaient que deux positions en contre-bas, qui étaient très peu sûres, Bry au nord, Champigny au sud.

L'armée coucha sur ses positions. La nuit du 30 novembre au 1er décembre fut glaciale. Sans tentes, sans feux, nos soldats souffrirent cruellement.

Le 1er décembre il y eut une trêve pour ramasser les blessés et enterrer les morts. Les deux armées se ravitaillèrent et reçurent des renforts. La nuit du 1er au 2 décembre fut encore plus rude; le thermomètre descendit jusqu'à dix degrés au-dessous de zéro.

La bataille recommença le 2 décembre. Dans cette seconde journée de la bataille de Champigny, l'ennemi prit partout l'offensive.

Au nord, les Saxons fondirent à l'improviste sur Bry; ils furent rejetés sur Villiers, après un terrible corps à corps où les régiments se fusillaient à bout portant.

Au sud, à Champigny, une brusque attaque des Wurtembergeois disloqua d'abord les mobiles de la Côte-d'Or et de l'Ille-et-Vilaine. Ducrot, pistolet au poing, arrête les fuyards. Ramenés au feu par ce chef énergique, ces soldats quelques heures après devaient mourir en héros.

L'intérieur de Champigny fut le théâtre d'une terrible bataille, dans chaque rue, presque dans chaque maison. Suivant le mot de Trochu, nos soldats tenaient comme des teignes. Mais tout le village, jusqu'à l'église, fut occupé par l'ennemi.

Entre Bry et Champigny, au grand four à chaux, la brigade Paturel montrait la plus grande solidité. Elle perdait son général, ses deux colonels, et elle tenait toujours.

La journée se termina par une violente canonnade. Il fut encore impossible pour les Français d'arriver au fatal Villiers.

Six mille hommes avaient été tués. Le monument de Champigny, le monument des mobiles de la Côte-d'Or, le monument du colonel de Grancey rappellent les victimes de cette terrible journée du 2 décembre.

On passa encore au bivouac, par une température glaciale, la nuit du 2 au 3. Le lendemain 3, au matin, à la vue de ces misérables soldats, mourant de froid et de faim, épuisés de fatigue, Ducrot, sans se soucier de la colère de Paris, ramena sur la rive droite de la Marne les débris de sa malheureuse armée. Il n'avait pas pu briser le cercle de fer qui enserrait Paris.

*
* *

Une communication officielle de Moltke apprit bientôt à Paris le résultat des batailles livrées auprès d'Orléans et la réoccupation de cette ville. Ducrot était d'avis de traiter. Trochu craignait un nouveau 31 octobre. Il fit afficher la lettre de Moltke pour surexciter le patriotisme, et l'on prépara un nouveau plan de sortie.

Cette fois, ce fut du côté du nord-est, dans la direction du Bourget. Pourquoi là plutôt qu'autre part? Simplement parce qu'il fallait faire semblant de faire quelque chose.

Une grande attaque fut préparée, avec La Roncière le Noury à gauche sur le Bourget, Ducrot au centre sur Bondy, Vinoy à droite le long de la Marne. Elle eut lieu le 21 décembre.

Dans le village du Bourget, marins et soldats rivalisèrent d'ardeur ; mais comment faire tomber à coup de fusil des murs que l'artillerie ne parvenait pas à abattre? Un millier d'hommes furent tués, et le Bourget ne put être enlevé. Par peur de l'opinion, Trochu n'osa pas faire replier les troupes. Ordre leur fut donné de camper en face du village. Mais dans la nuit qui suivit, le thermomètre descendit à quatorze degrés au-dessous de zéro. Neuf cents cas de congélation se produisirent. Il fallait fendre le pain à coup de hache ; on ne pouvait enfoncer les piquets dans la terre pour établir des tentes. Le « camp du froid » infligea aux malheureux Français d'inexprimables souffrances. Enfin, le 26 décembre, les troupes furent ramenées dans leurs cantonnements.

Le lendemain, 27 décembre, le bombardement de Paris commença.

Le quartier général allemand, irrité de cette longue résistance, si différente de la conduite que Berlin avait eue après Iéna, avait déclaré que, dans le siège de Paris, il ne se laisserait arrêter par aucune considération de « sentimentalité ». Car c'est le mot férocement officiel. L'Allemagne apprit donc avec une joie sauvage que Paris, avec ses hôpitaux et ses musées, Paris, avec ses vieillards, ses femmes et ses enfants, Paris allait être brûlé. Châteaudun avait été brûlé ; Strasbourg avait été brûlé ; et Toul, et Verdun, et combien de pauvres villages! Mais c'est Paris qu'il fallait brûler, puisqu'on ne pouvait le prendre, et Paris brûlé, la France serait morte. Pas de « sentimentalité » !

Le 27 et le 28 décembre, le mont Avron reçut une grêle épouvantable de projectiles. La position que nous occupions depuis un mois, était devenue intenable ; elle fut évacuée dans la nuit du 28 au 29 décembre.

Le 5 janvier, le feu commença sur un autre point. Les batteries allemandes établies sur les hauteurs de Meudon, Clamart, Châtillon, Fontenay-aux-Roses, criblèrent de projectiles les forts d'Issy, de Vanves, de Montrouge, et les quartiers de la rive gauche. La pluie des obus tomba pendant vingt et un jours, du 5 janvier au 26 janvier à minuit. Les trois forts qui étaient juste sous le tir de l'ennemi, furent bientôt éventrés. Mais les marins qui les gardaient montrèrent une contenance admirable. Pendant la nuit, ils réparaient les brèches de la veille ; ils tinrent jusqu'au bout.

Dans Paris même, trois à quatre cents obus tombaient chaque jour sur la rive droite, à Auteuil et à Passy, sur la rive gauche, dans tous les quartiers. L'ennemi avait pris pour point de mire les édifices les plus élevés, même quand ils étaient protégés par l'étendard de la croix de Genève, comme l'hospice militaire du Val-de-Grâce.

Le criminel bombardement du Muséum amena deux protestations célèbres. Le 9 janvier, dans une séance de l'Académie des sciences, Chevreul flétrit le vandalisme et l'infamie de nos ennemis. Pasteur, qui fut un patriote ardent, comme il est une des plus pures gloires françaises et un des bienfaiteurs honorés de l'humanité, Pasteur renvoya à la Faculté de médecine de Bonn le diplôme de docteur en médecine qu'elle lui avait décerné en 1868 pour ses travaux sur les fermentations.

« Aujourd'hui, écrivait-il au doyen de la Faculté de médecine de l'Université de Bonn (1), aujourd'hui la vue de ce parchemin m'est odieuse, et je me sens offensé de voir mon nom, avec la qualification de *virum clarissimum* dont vous le décorez, se trouver placé sous les auspices d'un nom voué désormais à l'exécration de ma patrie, celui de *Rex Guillelmus*.

(1) Cité d'après les *Tableaux de l'Année tragique*.

« Tout en protestant hautement de mon profond respect envers vous et envers tous les professeurs célèbres qui ont apposé leurs signatures au bas de la décision des membres de votre Ordre, j'obéis à un cri de ma conscience en venant vous prier de rayer mon nom des archives de votre Faculté et de reprendre ce diplôme, en signe de l'indignation qu'inspirent à un savant français la barbarie et l'hypocrisie de celui qui, pour satisfaire un orgueil criminel, s'obstine dans ce massacre de deux grands peuples...

« A aucune époque de son histoire peut-être, la France n'a mieux mérité d'être appelée la grande nation, l'initiatrice du progrès, la lumière des peuples.

« Votre roi ne connaît pas la France. Il a pris pour son caractère naturel les effets et l'empreinte passagère d'une prospérité matérielle inouïe et de quatre-vingts ans d'instabilité politique. On voit des plantes qui, après avoir éprouvé le tourment factice de la main de l'homme et l'action énervante des serres chaudes, modifient leurs allures à ce point que des naturalistes d'un esprit étroit vont jusqu'à changer leurs noms ; mais, replacées dans leurs conditions naturelles, elles reviennent bientôt aux types de leur espèce. Ainsi fait la France en ce moment ; le génie de sa race réapparaît, et Dieu seul connaît le terme de ses efforts...

« Voilà le peuple qui se lève devant tous, « prêt à pousser jus-
« qu'au bout et à tout oser », parce qu'il a conscience de la justice et de la sainteté de sa cause...

L. Pasteur,
Membre de l'Institut.

« *P.-S.* — Écrit à Arbois (Jura), le 18 janvier 1871, après la lecture du stigmate d'infamie inscrit au front de votre roi par l'illustre directeur du Muséum d'histoire naturelle, M. Chevreul, dans la séance de l'Académie des sciences tenue à Paris le 9 janvier 1871.

« L. P. »

**

Loin d'abattre la population de Paris, les privations et le bombardement ne firent que la surexciter. On voulait une sortie en masse ; la garde nationale demandait à avoir sa journée. Trochu s'y résigna, comme à l'acte du désespoir qui devait précipiter la capitulation de Paris.

Une nouvelle tentative de sortie fut donc préparée, avec quatre-vingt-dix mille hommes, composés pour une moitié de gardes nationaux, pour une autre moitié de mobiles et de troupes de ligne. Le plan était d'attaquer le plateau de Garches, sous la protection du mont Valérien, pour déboucher sur Versailles par les bois de Ville-d'Avray : opération difficile, même pour des troupes très entraînées, à cause de la succession de plateaux qu'il fallait gravir.

Le 18 janvier 1871, à Versailles, dans la galerie des Glaces, avait eu lieu la proclamation solennelle de l'empire d'Allemagne, au jour anniversaire du couronnement du premier roi de Prusse en 1701. Le rêve que Bismarck poursuivait depuis la guerre des duchés s'était réalisé : l'Allemagne s'était unifiée au profit de son maître, le roi de Prusse. Et cela en pleine France, à Versailles, dans le palais du grand roi ! Quelle vieillesse glorieuse pour le souverain dont la vie avait commencé par la catastrophe d'Iéna et les humiliations de Tilsitt !

Le 19 janvier, le lendemain de ce jour triomphal, fut livrée la bataille de Montretout-Buzenval. Elle fut engagée avec beaucoup de retards, à cause de la confusion des troupes en mouvement.

Vinoy commandait l'aile gauche vers Montretout ; le général de Bellemare, le centre, vers Garches ; Ducrot, la droite, vers Buzenval.

A gauche et au centre, la bataille débuta assez bien, par la prise de la redoute de Montretout et du château de Buzenval. Mais, comme à Cœuilly et à Villiers, les Français vinrent se heurter aux murs du parc de Buzenval tout crénelés, derrière lesquels les ennemis tiraient à coup sûr. Notre artillerie, embourbée dans un sol détrempé, ne put gravir la côte ; l'infanterie seule pouvait donner.

Ducrot, entré le dernier en ligne, attaqua à droite avec sa vigueur coutumière, mais il fut arrêté par un obstacle infranchissable, la porte de Longboyau par où monte le chemin de Rueil à Saint-Cucufa. La brigade Miribel est décimée. Dans ces assauts furieux périssent l'explorateur Gustave Lambert, le peintre Henri Regnault, un volontaire de soixante-treize ans, le marquis de Coriolis.

On ne pouvait plus avancer. En certains points, la confusion était extrême. Les gardes nationaux, étourdis par cette bataille, pour eux la première, tiraient au hasard ; à ces tireurs maladroits on attribue le huitième de nos pertes.

Vinoy avait repoussé à gauche, à Montretout, un retour offensif des Allemands ; mais là aussi la position était intenable. En présence de ces troupes épuisées et découragées, Trochu ordonna la retraite. Aussitôt, à gauche et au centre, ce fut une vraie débandade, heureusement voilée par la nuit. Seules, les troupes de Ducrot firent jusqu'au bout bonne contenance.

*
* *

C'étaient les dernières convulsions de l'agonie de Paris. Dans la ville même, dans toutes les classes de la société, surtout chez les petites gens, la misère était effroyable. Plus de pain ; plus de bois ; plus de gaz. Le soir et la nuit, Paris paraissait mort.

Le 22 janvier, les révolutionnaires voulurent de nouveau mettre la main sur la capitale. Vinoy, devenu gouverneur de Paris à la place de Trochu, qui s'était dépouillé de ce titre le jour même, agit avec rigueur. Cette fois, le sang coula ; mais la victoire resta au parti de l'ordre.

Paris n'avait plus que pour une semaine de vivres. La faim, et non la défaite, obligea Paris à renoncer à la défense. Le 28 janvier, Bismarck et Jules Favre signèrent un armistice : Paris avait capitulé.

Le supplice moral de la présence des Prussiens ne fut infligé à la ville de Paris que pendant trois jours, du 1er au 3 mars, dans le quartier des Champs-Élysées. Un conte d'Alphonse Daudet, *le Siège de Berlin*, qui est un chef-d'œuvre d'émotion patriotique, rappelle l'entrée de l'ennemi dans la capitale de la France.

Gambetta à Bordeaux, Chanzy à Laval, parlaient encore de résister ; mais dans la France, atterrée par tant de catastrophes, il n'y avait plus qu'un immense besoin de repos et de paix.

Les préliminaires de paix, arrêtés le 26 février à Versailles entre Thiers et Bismarck, furent adoptés le 1er mars par l'Assemblée nationale, réunie à Bordeaux, dans la séance dramatique où Napoléon III fut déclaré responsable de l'invasion et du démembrement de la France.

Le 10 mai 1871, le traité définitif fut signé à Francfort-sur-le-Mein. La France perdait l'Alsace, à l'exception de Belfort, le cinquième de la Lorraine, avec Metz, Thionville, Château-Salins. A côté de cette plaie qui saigne toujours à notre flanc, qui saignera tant qu'elle n'aura pas été pansée, qu'étaient les deux autres conditions imposées par le vainqueur : payement d'une indemnité de cinq milliards, occupation d'une partie du territoire jusqu'à l'entier acquittement de cette rançon !

***

Les Français, grands ou petits, qui ont vécu ces semaines terribles de la guerre en province ou du siège de Paris, en ont gardé, au plus profond de leur mémoire, la vision affreuse. Pour ceux qui sont nés depuis, ils savent que s'il est une page de leur histoire qu'ils doivent apprendre en détail, pour laquelle ils doivent se passionner, c'est celle qui porte le millésime fatal de 1870-1871. « Celui de mes enfants que j'aime le plus, disait à Napoléon sa mère dans un mot admirable, c'est celui qui souffre le plus. » La France de 1870, parce qu'elle fut profondément malheureuse, sera toujours par nous profondément aimée. Le souvenir de ses souffrances passera de génération en génération comme une affection sainte qui en fait l'unité.

Des vers qui ont été récités bien des fois après 1870 feront la conclusion de ces entretiens sur la guerre franco-allemande. La *Chanson du petit pioupiou* (1) évoque d'abord l'image des années de gloire et de bonheur ; puis elle parle de l'Année tragique, pour nous rappeler le plus sacré de nos devoirs.

« Petit pioupiou,
Soldat d'un sou,
Qu'as-tu rapporté de Crimée ?
C'était le temps où notre armée,
Toujours sans trêve ni repos,
Portait à travers la fumée,
Troués de balles, nos drapeaux !
Mais de ces vingt champs de victoire,
Où l'aigle ardent prenait son vol,
Qu'as-tu rapporté pour ta gloire ?
— J'ai rapporté Sébastopol. »

« Petit pioupiou,
Soldat d'un sou,
Qu'as-tu rapporté d'Italie ?
C'était le temps de la folie,

---

(1) Albert DELPIT, *Les Dieux qu'on brise.* Cité d'après les *Tableaux de l'Année tragique.*

Nous nous battions comme des preux.
A quoi bon ? Comme on vous oublie
Quand viennent les jours malheureux !
Mais de ces vingt champs de victoire,
De l'Adriatique à l'Arno,
Qu'as-tu rapporté pour ta gloire ?
— J'ai rapporté Solférino. »

« Petit pioupiou,
  Soldat d'un sou,
Qu'as-tu rapporté d'Allemagne ?
C'était le temps où la campagne
De notre pur sang s'arrosa :
La Guerre, ayant pris pour compagne
La Déroute, nous écrasa.
Mais de l'invasion infâme
Qui t'assombrissait l'avenir,
Qu'as-tu rapporté dans ton âme ?
— J'ai rapporté le souvenir. »

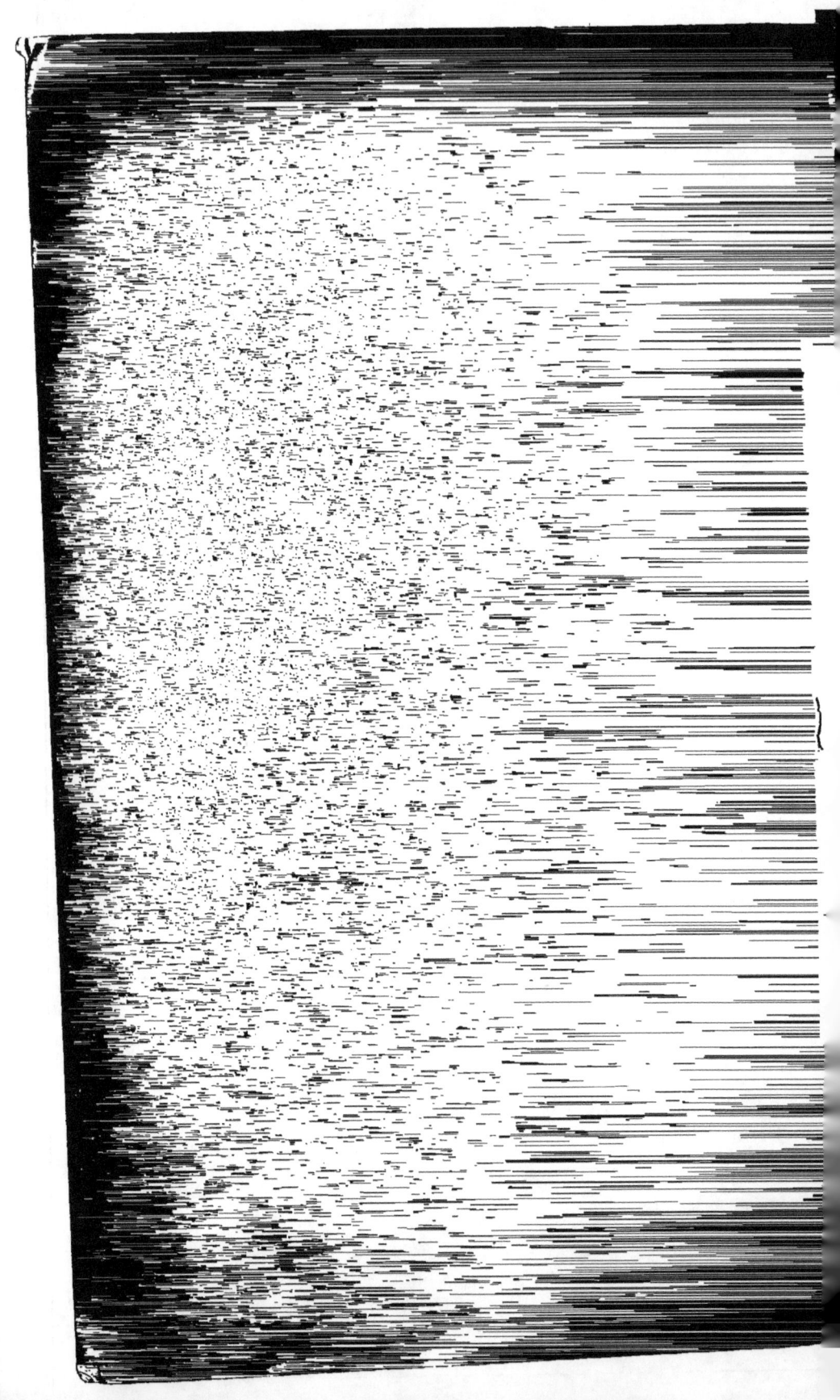

www.ingramcontent.com/pod-product-compliance
Lightning Source LLC
Chambersburg PA
CBHW070300100426
42743CB00011B/2279